ブランディングの本質

ファーストコールカンパニーシリーズ

100年先につなぐ価値

平井克幸　著
タナベ経営 ブランディングコンサルティングチーム リーダー
＋
タナベ経営 ブランディングコンサルティングチーム　編

ダイヤモンド社

はじめに

「なぜ経営コンサルタントが『ブランディング』の本を書くのか？」と思われた方も多いのではないでしょうか。

私はタナベ経営に入社して約二〇年間、中堅・中小企業の経営コンサルティングの現場に携わってきましたが、そのなかでクライアント企業が抱える、ある課題に直面してきました。それは、優れた技術や独自の製品・サービスを持っていながらも儲かっていない、すなわち、提供している価値に見合った利益が取れていない会社が、想像以上に多いということです。

細かい部分ではそれぞれに理由がありますが、これらの会社に共通しているのは、自社の〝真の価値〟が、顧客に正しく認識されていないという点です。それは、誤解をおそれずに言うなら、「あえて自社を安売りしている」ようなもので、非常にもったいないというしかありません。

そこには、誠実に顧客と向き合い、日々頑張って仕事をしていても、豊かになれない会社とその社員がたくさんいる、という現実があります。そして、この課題に向き合うことは〝企業繁栄奉仕業〟である経営コンサルタントの使命ではないか、と考えるようになったのです。

自社の価値を正しく認識してもらうとは、分かりやすくいえば、適正な価格で売るということです。ここに大きな壁が存在します。もし安く売っているなら、今より価格を上げることが必要になりますが、そう簡単ではありません。「それができるのなら、とっくにやっている」と思われた方も多いでしょう。戦後、長きにわたって生産性や合理性を追求してきた日本企業にとって、価格を上げるための活動自体が経験値の少ないアプローチであり、伝統的な〝お家芸〟ともいえるコストダウンや品質改善の手法は通用しないのです。

実は、この難題に取り組む糸口になるのが「ブランド」です。ブランドといえば、ルイ・ヴィトンやシャネルといった、海外のプレミアムブランドを連想する方も多いと思います。しかし実際には、ブランドは価格以外で選ばれるために必要な要素であり、全ての企業や製品・サービスにすでに内在しています。こうしたブランドの価値を高めていく取り組みが「ブランディング」であり、企業をより元気にしていくためのアプローチなのです。

自社がブランディングに取り組むことについて、決して臆する必要はありません。多くの日本企業が誇り高きブランドにふさわしいことを、私は数多くの現場で見てきました。実際に日本の製造業のものづくりは国際的評価も高く、日本製といえば安心・安全・高品質の代名詞にもなっています。また、サービスにおいても日本企業の「おもてなし」は世界のどこに行っても通用する高いレベルです。

しかし、いざそれを売るという行為になると、途端に精彩を欠いてしまいます。国内では誰もが知る大手企業であっても、グローバル展開においてマーケティングに苦戦するケースが多く、海外企業に先を越されることもしばしばです。多くの日本企業に見られる弱点であり、中堅・中小企業にも同様の傾向があります。販売や営業面でうまくいかない原因は、マーケティングの機能にあるといわざるを得ません。

したがって、ブランディングの前にマーケティングが十分にできていないクライアント企業も多く、私は経営者の方に理解していただくため、あえて失礼を承知の上で「ものづくり（サービス）一流、マーケティング二流、ブランディング三流」といった表現で説明することもあります。

では、どうすれば日本の企業がブランディングについての理解を深め、それを実践できるのでしょうか。

この疑問を解決するため二〇一三年にスタートしたのが、タナベ経営が主催している「ブランディング戦略研究会（現・ナンバーワンブランド研究会）」です。毎回、ゲスト企業の経営者やブランドマネジャーによる講義と、現地視察を中心とした異業種交流型の定期的な勉強会で、企業ブランディングに関する〝生きたノウハウ〟が学べると好評を博しています。

この研究会を通して得られたのは、ブランドを築いた先にある、理想的な企業の姿です。規模の大小にかかわらず、総じて製品やサービスを安売りせずに適正な利益を得ており、社員が生き生きと誇りを持って働いています。まさに、ブランディングは「会社と社員を元気にする魔法」であり、経営的な観点からも、これに着手しない選択はないでしょう。

ところで、マーケティングとブランディングはどう違うのかと聞かれることがあります。どちらも経営に必要な機能ですが、マーケティングは自社が「どう売るか」、ブランディングは外部から「どう見られるか」を組み立てるため、と戦略発想の視点が異なります。また、ブランドは企業の総合的イメージであることから、ブランディングのほうが取り組みの範囲がやや広いように思います。今はマーケティングが不要だという企業はないと思いますが、今後はブランディングも組織に不可欠な機能として認知され、浸透していくでしょう。

ただ、ブランディングはマーケティングと比べて、一般的な思考のフレームワークが知られていないこともあり、具体的に何をすればよいのか分かりにくく、少し難しい印象を与えてしまっているようです。

そこで本書では、企業がブランディングを実行していくにあたっての考え方や進め方をナンバーワンブランドのメソッドとして整理・体系化し、さらに、より理解が深まるよう、さまざまな企業の事例を紹介いたします。

今までブランディングについて真剣に考えたことがなかった、まだ取り組んでいないという方にこそ、ぜひ読んでいただきたいと思います。
企業経営に携わる方々が、ブランディングに取り組む際の一助となれば幸いです。

二〇一八年一一月

タナベ経営 ブランディングコンサルティングチーム リーダー　平井克幸

第3章 ブランドイメージをデザインする 059

第1章

企業経営に不可欠なブランディング

1 今、なぜブランドが必要なのか

日本経済の構造的な問題

最近はブランドに関する記事をＷｅｂや書籍などさまざまな場面で目にする機会が増えた。数年前まであまり話題に上らなかったブランドというテーマが、なぜ今になってクローズアップされるようになったのだろうか。その背景には日本経済が抱える構造的な問題があり、主に次の三つに集約される。

まず一つ目は、「人口減少」である。

企業がマーケティング調査を行う上で最も基礎的なデータは人口動態だといわれる。人口の推移は、政府が発表しているデータによって誰もが手に入れられ、五〇年先であってもある程度の正確な未来を予測できる。

例えば、国立社会保障・人口問題研究所の報告書（二〇一七年・出生中位推計）によれば、日本の人口は二〇四〇年の一億一〇九二万人を経て、二〇五三年には一億人を割って九九二四万人となり、二〇六五年には八八〇八万人になるとされている。しかも、六五歳以上の高齢者が全人口の三八・四％を占めるという。

人口が減ることの経済へのインパクトは大きい。高齢者の割合が増えれば、世帯当たりの購買力も落ちる。住宅・建設や自動車といったジャンルはその典型で、ストック需要や周辺市場に切り替えるか、海外に新天地を求めるか、やがて戦略の転換を迫られることになる。

あらゆる企業活動の先にいるのは消費者＝人である。ＢtoＣやＢtoＢといった分類にかかわらず、人口減少による影響をまったく受けない企業はない。

需要減少局面では必然的に供給サイドであるプレーヤーの数が余る。減っていく顧客の奪い合いが生じて、顧客に選ばれない、あるいは顧客との関係を維持できない企業は、いずれ淘汰されていくだろう。この顧客に選ばれ続ける力こそが、ブランドなのである。

二つ目の要因は、「デフレ経済の長期化」である。

デフレとは持続的に物価が下落していく状態で、簡単にいえばモノの価値が低下していく現象を指す。デフレが続くことで企業の売上げは低下し、賃金は伸び悩み、消費者の購買意欲が減退し、販売量を増やす目的でさらに価格が下がっていく。このような〝デフレスパイラル〟現象が経済低迷を長引かせ、「失われた二〇年」の遠因ともいわれている。政府も物価上昇のインフレ率目標を掲げて、次々と金融施策を打ち出してはいるが、いまだ効果的な打開策を見いだせていない。

一方で、デフレの長期化は国民に特異な消費行動を生んだ。生活必需品などでこだわりのないものはできるだけ安く買い、趣味やファッションなど自分のこだわりが強いものは少々高くても買うという「選択型消費」である。高級ブランドのバッグを持った人が、高級輸入車に乗って一〇〇円ショップやディスカウントストアに買い物に来る、といった光景がその典型だろう。つまり、選ぶ側が「こだわりたい」か「どうでもいい」か、どちらに分類するかで、価格に対する基準が変わってくるということだ。たとえ生活必需品であったとしても、どうでもいいものに分類されないためには、やはりブランドが不可欠だといえる。

なお、人口減少やデフレのようなマクロ的な問題についてはあまたの経済関連書籍があり、本書では詳細を割愛するが、いずれも企業間競争を加速する背景として無視できない。

三つ目は、「コモディティー化の進展」である。

コモディティーとは本来、汎用品や普及品のことであるが、ここではもっとネガティブな意味を指す。メーカーが製品の開発・改良で品質や機能を高度化しても思ったように売れず、さらに価格を下げ続けて、業界内で過度の価格競争へと発展していく現象である。

近年はリバースエンジニアリングなどの開発手法やローコスト生産の技術が格段に向上しており、新製品を投入してもすぐに模倣品が登場し、新技術もキャッチアップされてしまう。また、消費者が製品のスペックをあまり意識しなくなったこともあり、性能や機能だけでは差別化ができなくなった。

これが企業間の価格競争に拍車をかけており、家電や情報通信分野における製品ライフサイクルの短命化は、その代表的な事例である。最近は工業製品に限らず、住宅やアパレル、ホテル・旅館や外食産業など、さまざまなジャンルで深刻な問題になっている。

コモディティー化が招く症状

コモディティー化は、品質や技術の追求に没頭する日本企業の特性上、極めて陥りやすい症状である。これを打破しない限り、開発の成果である付加価値（生産性）は向上しない。実際に日本企業の研究開発投資の効率は、世界的に見ても低いとされる。

一般的にコモディティー化には典型的な症状があり、自社の製品やサービスの品質・機能と、価格との相関関係で捉えると分かりやすい（**図表1**）。

もし企業に次の傾向が当てはまるようであれば、コモディティー化に陥る可能性がある。

①陳腐化

高価格帯に高スペックの製品・サービスを投入しても思ったほど売れず、値下げや安売りでコスト負担だけが重くなっていく状態。

図表1　コモディティー化による3つの症状

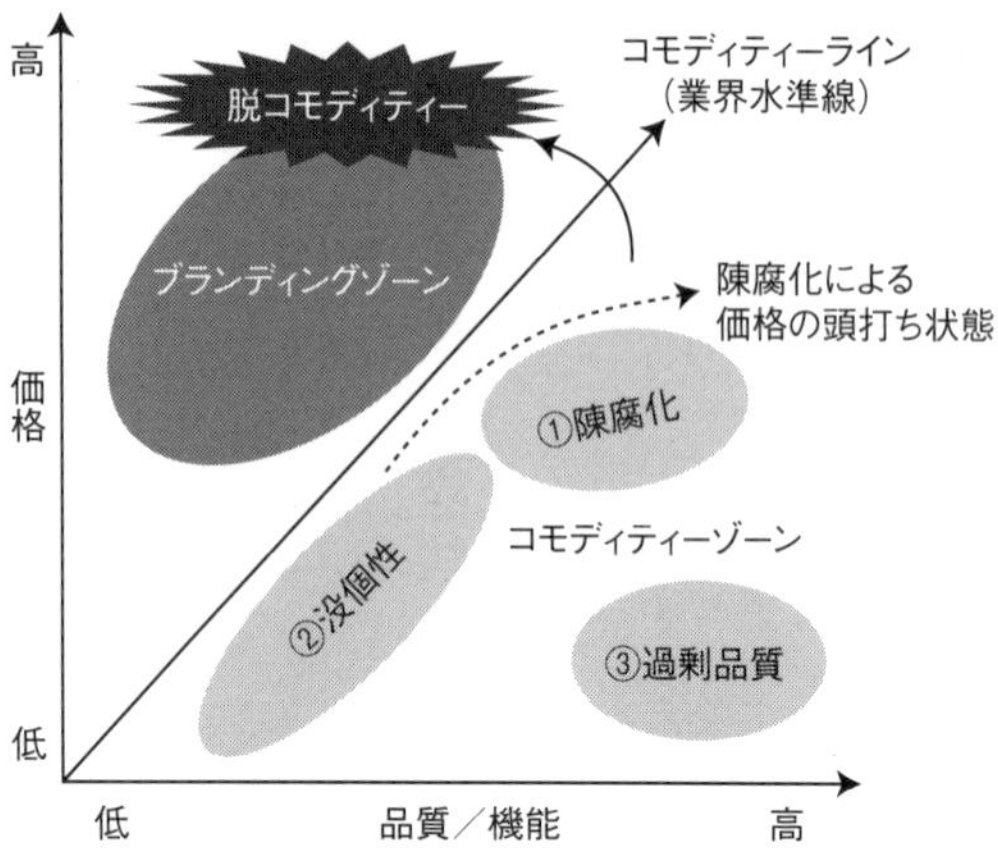

※コモディティーライン（業界水準線）
類似製品群において、価格帯と品質・機能のレベル比較が業界水準を指すライン。ブランディングとコモディティー化の境界線となる。

※コモディティーゾーン
提供する価値以上に価格が安く、コモディティー化しているとみられる製品群。
品質・機能を高めても価格が上がらないケースが多い。

※ブランディングゾーン
品質や機能に比べて価格が高く、ブランド価値があると考えられる製品群。
コモディティーゾーンに比べて価格設定の自由度が高い。

②没個性

目立った個性がなく、ライバルのなかに埋もれて他社の製品やサービスと同質化し、価格以外には顧客から選ばれる要素がない状態。

③過剰品質

同業各社が品質や機能面での差別化を競い合った結果、価格帯に見合わない水準の製品・サービスが同じ市場に乱立している状態。

いったんコモディティー化に陥ると、どんなに優れた新技術や新サービスを開発したとしても、他社との価格競争から抜け出せず、付加価値が低下し続けていくことになる。また実際には、こうした症状を業界特性と勘違いして、コモディティー化の自覚がないまま、本質的な課題に手を打っていない企業も多い。

コモディティー化への対抗措置として有効な手段の一つがブランドである。例えば、自動車における日本車と輸入車の違いで考えると分かりやすい。

トヨタ自動車や日産自動車、本田技研工業（ホンダ）といった日本の自動車は、排気量を目安とした車格（グレード）で、価格相場はある程度決まってくる。ミニバンやSUV（スポーツ用多目的車）などの新たなカテゴリーでも同様で、先にヒットした車種をターゲットに、それに追随してライバルメーカーが開発することが多く、それぞれに特徴はあるものの、機能・性能・価格に大きな差は見られない。

しかし、それとは違う形で市場に割り込んでくるのが、ヨーロッパの輸入車ブランドだ。際立った個性があるため、同等の車格で価格差が倍以上あっても、好んで選ぶ顧客は少なくない。当然、販売台数のボリュームは違うが、激しい価格競争に巻き込まれない独自の魅力がある。

自動車に限らず、家電製品や家具などのインテリア、靴やかばんなどのファッション分野でもこの傾向が見られる。特に、大手企業にスケールメリットで勝負できない中堅・中小企業の場合、目指すべき姿がどちらかはいうまでもないだろう。

ブランドを確立している企業は、決してコモディティー化の罠にとらわれることなく、価格と仕様を自社の権限で自由に決められる。注意したいのは、価格が高いか安いかではなく、価格の主導権を握れるかどうかでブランド力が決まる点だ。

例えば、一般的にコモディティーに該当する食料品や文房具といったジャンルで、一〇〇〇円未満の低い単価でも、消費者の「こだわり」に分類されるものがある。これは〝プレミアムコモディティー〟といわれる、ブランドの一種である。つまり、ブランドとは「価格と仕様に関して主導権を握るための武器」に他ならない。

2 ブランドの役割とメリット

ブランドが持つ三つの役割

ここで「ブランド」とは何かについてあらためて確認しておきたい。すでにご存じの方は今さらという感じも否めないと思うが、その役割を定義付けすることは、本書でブランディングを論じる際のベースになるからだ。

企業経営におけるブランドの役割は、大きく分けて次の三つが挙げられる（図表2）。

一つ目の役割は「差別化の目印」である。

ブランドの語源には諸説あるが、中世のヨーロッパにおいて、農家が放牧で飼育している家畜に押す「Burned（焼き印）」から派生した言葉だとする説がある。つまり、ブランドのもとも

図表2　ブランドが持つ3つの役割

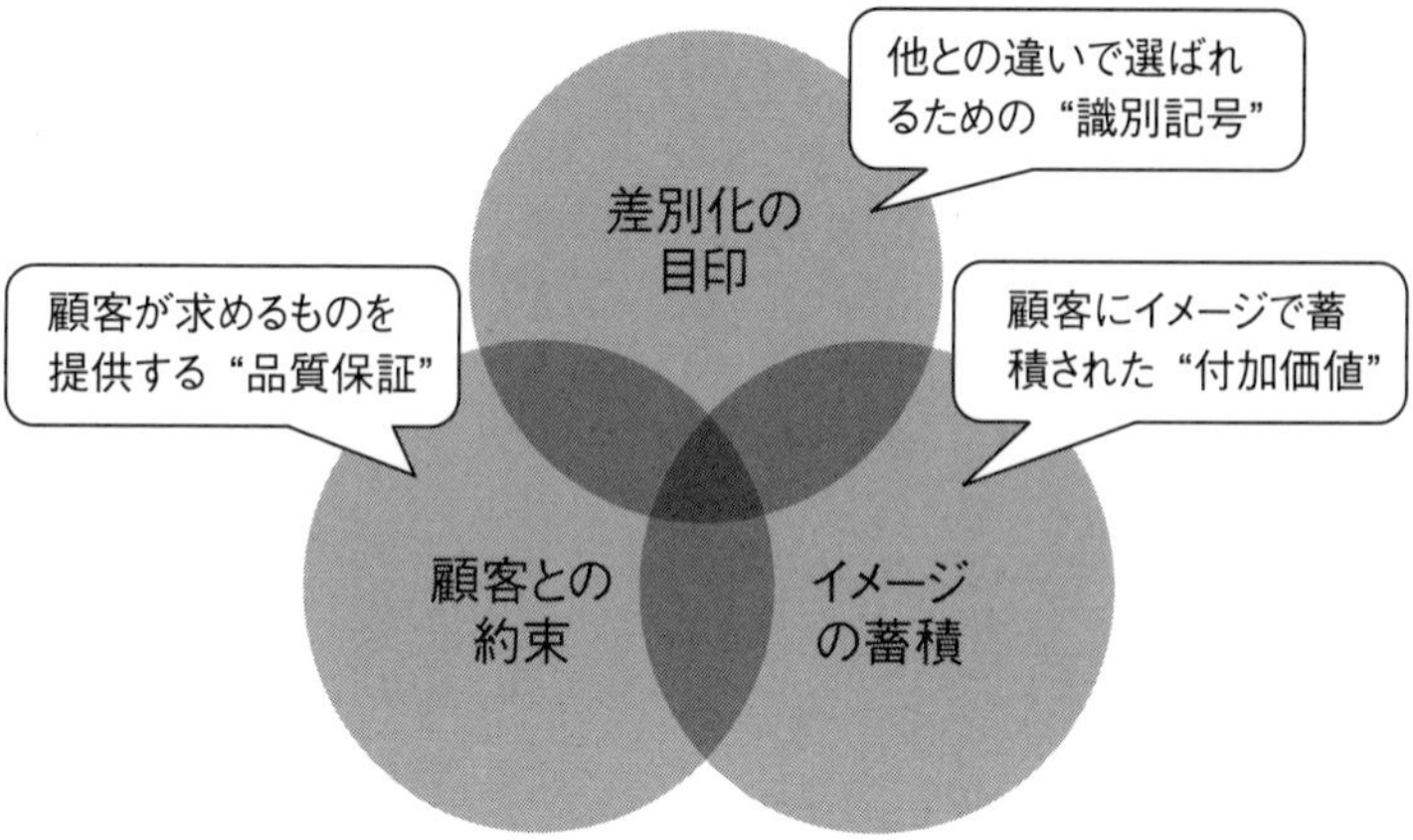

との意味は、「他と識別するための記号」である。現代においてもこの意味合いは少なからず残っている。私たちが何かを購入する際に、どこで買うか、何を買うかという行為は、この識別記号をもとに判断されている。ブランドは日常生活の〝選択基準〟として役立っているのだ。

二つ目の役割は「イメージの蓄積」である。ブランドという価値の特徴は、あくまでも外から見たイメージであり、それ自体に形がないという点だろう。

例えば、特定ブランドのユーザーに「なぜそのブランドを買うのか」と質問した場合、合理的な理由を答えられる人は少ないはずだ。多くが「何となく好き」とか「昔から使っているから」といった漠然とした回答になってしまう。それは、ブランドが長年にわたって蓄積された顧客のイメージであり、単に「損か得か」ではなく、「好きか嫌いか」と感覚的に選ばれる性質があるためだ。

イメージというものは企業にとって扱いにくい存在である。商品デザインやパッケージといったビジュアル面はもちろん、会社の歴史や伝統・文化といった類いもあれば、担当者の対応や接客サービスでの印象など、さまざまな要素が絡み合ってできている。外部へ自社のイメージを強制的に植え付けることはできないため、それをコントロールする側にとって、これほど複雑でやっかいなものはない。ここがブランドの難しい点である。

三つ目の役割は「顧客との約束」である。

ブランドは「ここであれば間違いない」という品質保証の代わりにもなる。例えば、出張で初めて訪れた地域で食事をする際に、古びた外観の知らない店ののれんをくぐるのは意外と勇気がいるものだ。一方で、全国に展開しているレストランチェーンの見慣れた看板があれば、目新しいものはないかもしれないが安心して入れるだろう。その点においてブランドには、顧客が求めるものを約束する「品質保証」の意味があり、そうした顧客との信頼関係の上に成り立っているのだ。

ブランドの付加価値で収益性が改善する

ブランドが企業経営にもたらすインパクトは大きい。実際にブランドを確立できれば、企業にとってはさまざまなメリットが手に入る。大きくは「収益性の改善」「戦略的な優位性」「企業価値の向上」である。

一般的にブランド力が高いか低いかを判断する際には、どこを見ればよいのだろうか。消費財においてブランドは価格に反映される。当然、売れていることが前提にはなるが、「高くても買いたい」という顧客の購買意欲が強いほど、ブランド力は強いといえる。

そして、ブランド力が最も表れる数字は企業の粗利益（正確には売上総利益）である。粗利益が取れているかどうかがブランド力を測る物差しになり、業界水準と比べて粗利益率が低い場合はブランド力が不十分なため、結果として付加価値が取れなくなる。つまり、ブランドは企業の付加価値の源泉になっている。

付加価値は事業活動で得られる対価であり、これが低いということは事業活動に根本的な問題があるといわざるを得ない。当然、企業として付加価値を高める努力が必要になるが、手っ取り早いのはやはりコストダウンだろう。これは日本企業が得意とする手法でもある。よいものをより安く提供するために磨いてきた経営技術だ。

もちろん、筆者も経営コンサルタントの立場でコストダウンを支援してきた経験がある。その活動自体を否定するつもりはない。現場の無駄を省いたり、業務プロセスを見直したりなど、こうした生産性向上への努力は企業体質を強化していく上で、重要な意味を持つ。

しかし、現場レベルでのコストダウンには限界がある。突き進めていけば、商品や原料・資材の仕入れ先に対して単価引き下げ要請などで、ハードな交渉に及ぶことも多い。無理強いすれば仕入れ先の経営面に支障を来すおそれや、取引関係からの離反につながりかねない。

また、コストダウンの最終的な矛先は、最大の固定費である人件費に向かう。少ない付加価値で労働分配率を低く抑えるため、人員削減や賃金カットに手をつけざるを得なくなる。会社がそうした方向に進めば、働く人たちのモチベーションは低下し、やがて退職者が増えていくことになるだろう。

前述の通り、日本国内は人口減少と高齢化が進み、労働力の担い手となる若者が減っていくなかで、採用難や人材不足がますます深刻化していく。事務作業や生産の過程でロボットやAI（人工知能）を導入することで合理化を進めるのは構わないが、安易な人件費の抑制は禁じ手である。コストダウンに偏重してバランスを欠いてしまっては、会社も社員も決して幸せにはならない。

少し視点を変えて、価格を上げることができないかを考えてみてはどうか。既存の製品・サービスや顧客では難しい場合には、例えば、自社のこだわりを結集したプレミアム製品の開発や、新しいサービスをプラスして思い切って値上げしてみるのも一つだろう。価値を分かってもらえる顧客が意外と多いかもしれないし、そうした顧客に絞り込んでいく方法もある。価格を上げる取り組みは、やがてブランドへとつながり、戦略の幅が広がっていく可能性があるのだ。

適正な価格で付加価値を得るための努力は、企業が成長発展していくために不可欠な要素であり、ここにブランドの重要性がある。

ブランドは戦略的な優位性を高める

戦略的な優位性については、次の三つが挙げられる。

①差別化（競争面での優位性）

ライバルの中で独自の存在感や際立った個性を持ち、値段以外で顧客に選ばれる存在となる。マーケット内で価格競争の消耗戦から抜け出すことができる。

②価値化（効率面での優位性）

ブランドによって価格決定の主導権を握ることができる。付加価値が向上することで利益率は改善し、開発や出店などにおける投資回収スピードも速くなる。

③継続化（時間面での優位性）

自社の製品やサービスがその分野でスタンダード化し、ロングセラーとなる。マーケットにおける自社の優位性や顧客との取引関係を長期的に維持できる。

ブランドを確立することによって、他に代えられない存在として同質競争から離脱し、品質や機能以外で付加価値が向上、製品や取引の長期化というメリットが生じる。収益性の改善とその安定化が図れる上に、企業としての長期的発展を目指す基盤ができるのだ。

ブランドの創造で企業価値が上がる

ここで忘れてはならないのは、ブランドは会社にとっての資産になることだ。当然、目に見えない無形資産である。

単純に考えて、企業の時価総額から有形資産の金額を差し引いたものが、ブランドの資産価値に相当する。世界の時価総額ランキングで上位のグローバル企業は、企業価値に占めるブランド価値のウエートが総じて高い。特にアップル、グーグルといったシリコンバレーを代表する米国企業で、その傾向が顕著である。

図表3　ブランドと企業価値の関係

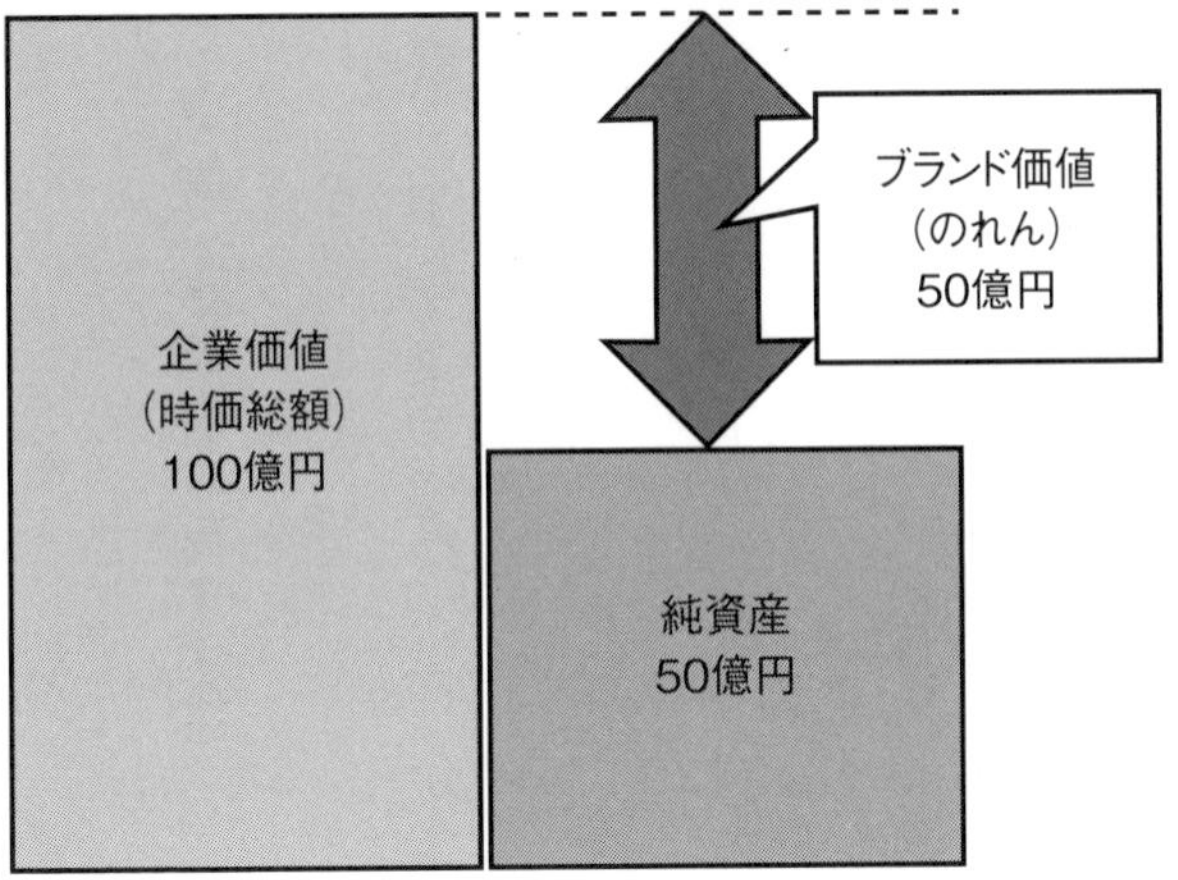

　また、ブランドは企業間のM&A（合併・買収）において、買収企業の時価評価純資産と買収価額との差額として、貸借対照表に計上される。いわゆる「のれん」である。

　例えば、純資産五〇億円の企業を一〇〇億円で買収した場合、のれんは五〇億円になる。言い換えるとこれがブランド価値である（図表3）。

　M&Aは事業承継オプションの一つとして、特に中堅・中小企業では、後継者不足などの問題から、今後も増加することが見込まれている。いざ売る段階になって安値で買い叩かれないよう、できる限り企業価値を高めておかなければならない。そのために、のれんとしてのブランド価値は必須要件になる。経営の目的が企業価値を高めることだとすれば、その本質はブランドの創造にあるといえるだろう。

3 ブランディングは本質を押さえることが大事

ブランディングが苦手な日本企業

ブランドを構築していく取り組みを「ブランディング」といい、企業が強いブランドを生み出し、維持していくために不可欠な活動である。

ところが、日本企業は総じてブランディングが苦手だといわれる。例えば、「自動車」「ファッション」「腕時計」といったキーワードを並べてみた場合、どの企業を連想するだろうか。代表格として販売台数では常に世界トップクラスのトヨタ自動車や、ユニクロの店舗を世界各地に展開するファーストリテイリング、世界初のクオーツ式腕時計を製品化したセイコーなどが挙げられる。カテゴリー内でのブランドの存在感は、国際的にも決して低くはないだろう。

しかし、それらのキーワードに「高級」の二文字を付け加えると、答えが違ってくる。高級自動車はベンツやBMW、アウディなどのドイツ勢、高級ファッションはプラダやアルマーニなどのイタリア勢や、シャネルやエルメスなどのフランス勢で、高級腕統計ならロレックスやオメガなどに代表されるスイス勢が、真っ先に思い浮かぶのではないだろうか。つまり、プレミアムブランドの領域においてはヨーロッパ勢に軍配が上がり、今のところ日本企業は後塵を拝している。日本はまだブランドの発展途上国であり、ブランディングについて謙虚に学んでいく姿勢が必要になるのだ。

日本企業がブランドという点で後れを取った原因は品質や技術ではなく、経営に対する考え方にある。その一つが、戦後の日本経済を支えてきた「よりよいものをより安く」という企業倫理だ。確かに当時の時代背景に適しており、国民の心をつかんだ考え方だが、今は逆に、「高いものを売ってはいけない」という呪縛になってしまった。

またブランドという言葉に対して、特に「高品質で低価格」を実現することにまい進してきた世代からは、一部の外国製ブランドの品質と価格のギャップから「ぼったくり」的なイメージに映り、嫌悪に近い感覚があるのかもしれない。

ところが、欧米の企業における価値観はそれとは明確に異なっている。例えばフランスやイタリアの伝統工芸品は、職人が経営する小さな工房でも決して安くなく、値引き交渉にも応じないことが多い。商品の良し悪しはさておき、彼らは「なぜ安く売る必要があるのか理解できない」といった態度で堂々と販売している。ヨーロッパを旅行したことがある人なら、土産品を買う際に経験したことがないだろうか。そこに数々のプレミアムブランドを生み出す土壌があるような気がしてならない。

企業経営の観点で見ると、こうした日本企業の現状は単純に割り切れるものではない。今やアジアやアフリカの新興国も含めた世界中が消費マーケット化していく時代である。国内市場が縮小していくなか、グローバルな視点での競争力を高めていかなければ、たとえ大企業でも生き残っていくことは難しい。まして中堅・中小企業ではなおさらである。

幸い日本企業にはブランドにふさわしい経営資源が豊富にある。技術力やサービス力において、世界に引けは取らない。

まず原則として「自分たちはブランディングが苦手なのだ」と自覚することから始めなければならない。そして「よいものを安く」売る努力ではなく、「高くても売れる」ための製品やサービスを開発し、どう提供していくか、知恵を絞って考えていくべきだろう。それは、経営者がこれまでの企業倫理や価値観を変えていくことでもある。

ブランディングは単なる広告宣伝ではない

クライアント企業の経営者と話しているときに、ブランディングという言葉の捉え方に違和感を覚えることがある。それは、「ブランディング＝広告宣伝活動」という固定観念だ。

最近は減ってきたが、ブランドは広告宣伝さえすれば確立できるものだと思っている人たちはいまだに多い。こうしたイメージの裏側には、繰り返し放映されるテレビＣＭやマスメディアを使った広告宣伝の影響が大きい。しかし、これは大きな誤解である。もし仮に、誰もが知っている会社や製品にブランド力があるとすれば、広告に多額の費用をかければ済む話だろう。しかし、日本を代表するような有名企業が業績不振や不祥事で次々と失速していく現実を目の当たりにして、はたしてそうだといえるだろうか。

確かに、プロモーションは外部に企業イメージを伝える意味で重要な要素ではあるが、それはブランドの全てではない。例えば、スターバックスコーヒーは名実ともにカフェのナンバーワンブランドであるが、テレビCMや新聞広告・チラシなどには費用をかけていないことで知られている。

当然、B to B（企業間取引）企業はB to C（企業対消費者間取引）企業より知名度は低くなるが、だからといってブランド力が低いともいい切れない。実際に、一般的にはあまり知られていないが地域を代表する企業、特定の業界で知る人ぞ知る企業にこそ、顧客から高い信頼を得ているブランドが存在する。いずれにしても、「知名度＝ブランド力」ではないことは間違いないだろう。

また、ブランディングにはとにかく「お金がかかる」というのも先入観である。確かに、お金があれば有名デザイナーを起用し、大手の広告代理店にプロモーションを依頼できる。取るべき手段の選択肢が増えるのは事実だが、資金力のある大企業にしかブランディングができないのであれば、本書で取り上げる必要はない。後で紹介するモデル企業は、そのほとんどが地域の中堅・中小企業である。

そこには、センスのよいデザインや派手なプロモーションとは別のやり方で、しっかりとブランドを確立してきた成功事例がある。筆者は、「お金もない、人もいない、センスもない」ことを自認する企業こそ、ブランディングで活路を見いだせるはずだと確信している。

では、ブランディングの「本質」はどこにあるのか。それが本書で伝えたい内容であり、皆さんに考えていただきたいテーマでもある。

本質とは「物事において根本的で最も大事な性質や要素」のことをいう。本質を捉えることは、企業活動の全ての価値判断において、極めて重要な意味を持っている。反対に、本質を見失って判断を間違えれば、経営資源を浪費してしまうことにもなりかねない。

したがって、ブランディングの本質を外したまま大きな投資をしてしまうと、お金と時間が無駄になる可能性があるということだ。

ぜひ、これからご紹介する「ブランディングの１・３・７メソッド」に沿って、その本質を理解し、実践していただきたいと思う。

第2章

ナンバーワンブランドを目指す

ここからは、企業のブランディングを成功に導く「1・3・7メソッド」について、その概要を説明していきたい。1と3と7の数字が持つ意味は、それぞれ次の通りである。

【1】……ナンバーワンブランドへの目標設定（差別化の目印）
【3】……ブランドイメージを高める三つの視点（イメージの価値）
【7】……ブランディングを展開する七つの機能（顧客との約束）

まずはブランドの存在を際立たせて、ブランドイメージの方向性を決め、ブランディングを強化して顧客との約束を果たし、ブランドの価値を高めていくという流れだ。

これはタナベ経営のブランディング研究の成果として導かれたもので、ブランドの構築に成功しているモデル企業のほとんどが、このメソッドによって説明ができる。ブランディングを進める際のフレームワークとして、規模の大小を問わず適用できると考えている。

第2章から第4章にかけて、このメソッドをもとにそれぞれ解説していきたい。

1 ナンバーワンブランドへの目標設定

最初は、「ナンバーワンブランドへの目標設定」である。

ナンバーワンブランド、つまり一番を目指すべき最大の理由は、ブランドの持つ影響力にある。ブランドは、差別化の目印（識別記号）になることは前述した通りだが、その目印を際立たせるという点において、一番と二番以下では格差があまりに大きいのだ。

例えば、あなたは「日本で二番目に標高が高い山はどこか」と聞かれて、即答できるだろうか。答えは山梨県南アルプス市にある北岳で、日本百名山にも選ばれる勇壮な高峰である。しかし、実際にはそれが頭に浮かぶ人は少なく、やはりブランドとしての存在感は、富士山という日本を代表する存在の陰に隠れてしまっている。

企業の場合はどうか。国内自動車メーカーの代表格といえば、やはりトヨタ自動車が挙げられるだろう。次いで本田技研工業（ホンダ）、日産自動車といった有力メーカーが続く。この三社の業績を比較すると、売上高、営業利益、販売台数といった業績において、トヨタはホンダや日産のほぼ倍に近く、一位と二位以下で圧倒的な差がついてしまっている。

自動車以外の分野でもその傾向は同じだ。日本国内でスマートフォンの保有台数シェアは、ナンバーワンであるアップルのｉＰｈｏｎｅが七割近くを占めているという。残りの三割をアンドロイドＯＳの端末を使ったメーカーで分け合う形になっている。ただ世界的に見れば、これとは逆の構成比になっており、日本国内におけるアップルブランドの強さがうかがえる。

この傾向は外食、小売り、サービス業など他のジャンルでも見られ、「特定のカテゴリーで一番」であることが、影響力のあるブランドの条件とされる。つまり、ブランドを選ぶ側にとっては「一番かそれ以外か」で、二番も三番もそれほど大きな差はない。むしろ四番以下だと選択肢にも入らない可能性があり、ブランド力という点では〝失格〟となる。

あるジャンルで一番に選ばれる存在を目指さなければ、ブランドの恩恵を存分に受けられない。これがナンバーワンブランドを目標とする意味である。

では、ナンバーワンブランドとはどういった存在なのか、何をもってナンバーワンと呼べるのか、ここでその定義を確認しておこう。満たすべき要件として次の三点を挙げる。

①特定のカテゴリーにおけるナンバーワン

業界といった大きな枠組みでなくても、特定のジャンルや新しいカテゴリーを創造することで、ナンバーワンの存在感を与えること。

②製品やサービスへのこだわりでナンバーワン

自社の製品や技術・サービスに圧倒的な自信とこだわりを持ち、それを常に磨き続けている点で、ナンバーワンの信頼を得ること。

③顧客のマインドシェアの高さでナンバーワン

市場におけるマーケットシェアではなく、ターゲット顧客のマインドシェア（心の中に占める割合）を重視し、そこでナンバーワンだと認識されること。

これらの全てに該当する場合を、本書では「ナンバーワンブランド企業」と定義したい。次に、それぞれの具体的な要件を紹介する。

2 特定カテゴリーでのナンバーワンを目指す

セグメンテーションの手法

最初の要件は「特定のカテゴリーにおけるナンバーワン」になることである。

ナンバーワンといっても、いきなり自動車やスマートフォンなどの巨大市場で、トヨタ自動車やアップルのような存在を目指すという意味ではない。自社の規模に合わせて既存の市場を細かく区分し、その中で一番になればいいのである。

マーケティング理論におけるセグメンテーションと同じであり、まずは自社が戦うべきフィールド（領域）を見つけることが大事である。セグメンテーションにはさまざまな手法があるが、代表的な切り方として「顧客」「商品」「価格」「用途」の四つを紹介したい。

「顧客」によるセグメンテーションは、性別や年齢、職業、家族構成などの顧客属性によって、対象市場を絞り込んでいく方法である。若い女性を意識したインテリアでアメニティーに力を入れたビジネスホテル、子育て世代のファミリー層を狙ったミニバン、高齢者が好む和風メニューやレトロでくつろげる雰囲気を演出したカフェなどは、その典型といえる。どんな客層を得意とするかによって狙うべき市場が変わってくるはずだ。

「商品」によるセグメンテーションは、自社で取り扱う製品やサービスそのものを区分する方法で、サイズやパッケージングのような形状による分類、素材や特性といった機能による分類がある。例えば、2Lや3Lなどの大きなサイズに限定した品ぞろえの紳士服ブランド、本革製にこだわった財布やバッグで人気が高いブランドなどが挙げられる。

「価格」によるセグメンテーションは、対象市場を価格の高低によって区分するため、比較的分かりやすい方法である。セブン‐イレブンが高価格帯ブランドの「セブンプレミアム ゴールド」を投入して成功したことは記憶に新しい。素材や外観に上質感のある高級スマートフォンケース、生地・縫製・デザインの枠を尽くしたTシャツのプレミアムブランドもあるが、いずれも一万円以上の金額で、競合他社とは一線を画す価格帯にもかかわらず売れている。また、一〇〇円ショップや一〇〇〇円カットサロンのように一定の価格帯でセグメントする方法もある。買い手を選ぶという点において、価格は客層との関連が強い。

「用途」によるセグメンテーションは、使う目的や場面、ライフスタイルなどで分類する方法である。先入観を持たずに探索していけば、市場の可能性は無限に広がっていく。例えば、眼鏡チェーンのジンズ（ＪＩＮＳ）はパソコン作業専用の眼鏡を開発したことで、視力矯正以外の顧客層を獲得し、これまでにない「視力のよい人にも必要な眼鏡」というジャンルを確立した。また、ソファ、ベッド、テーブル、チェアなどの各ジャンルで、医療機関などの業務用や消費者のライフスタイルに応じた新ブランドを次々と立ち上げて急成長している家具メーカー、食品業界に特化した工場建設を商品ブランド化して成功している中堅ゼネコンもある。

いずれにしろ、顧客から一番に選ばれるためには自社の長所を際立たせることだ。他社やライバル商品と同質化して、コモディティーの中に埋もれないことがポイントになる。

既存市場には大手企業を含む競合が多く存在しており、中堅・中小企業は価格以外で勝負できない場合が多い。そこでセグメンテーションにより、何かに特化した形に変えてみる。

同業他社にはない個性があれば、それを求める顧客にとっては第一候補になる。しかも、今は必要な情報をインターネットで探す時代である。自社の個性や特徴が、顧客が検索するキーワードと一致すれば、顧客のほうからあなたの会社を見つけてくれるだろう。

先駆者としてのファーストブランドに挑戦する

最も強いブランドは、新たなカテゴリーの開拓者や先駆者で、〝ファーストブランド〟と呼ばれる存在である。今までになかった新しいカテゴリーを生み出すことを通じて、顧客にとってただ一つの〝本物〟として認識されることになる。

例えば、コンビニエンスストアでは「セブン‐イレブン」、宅配といえば「クロネコヤマトの宅急便」（ヤマト運輸）が、ブランド名として真っ先に挙がるだろう。両社の共通点は、該当するカテゴリーの開拓者で、ファーストブランドであることだ。

これは製品のブランドでも同様で、スマートフォンではアップルの「ｉＰｈｏｎｅ」、ロボット掃除機ではアイロボット社の「ルンバ（Ｒｏｏｍｂａ）」、サイクロン式の掃除機では「ダイソン」が、それぞれ先駆者としてブランド力が強い。他社がどれだけ価格を抑えて機能で優位に立ったとしても、こうしたファーストブランドが築いたイメージは根強く、その牙城を崩すことは簡単ではない。

ただ、ある程度、成熟した業界であれば、業界の常識やトレンドを変えることで、開拓者や先駆者になる方法もある。かつてアサヒビールの「スーパードライ」は確実にビール業界の流れを変え、トヨタ自動車の「プリウス」は自動車業界の流れを大きく変えた。また、それによって自社のブランドに新鮮なイメージをもたらし、その影響力は今もなお続いている。

自社の強みや独自性が生かせるカテゴリーで、かつライバルがいないホワイトスペース（空白地帯）を見つけることができれば、そこではナンバーワンになれる可能性が高い。いわゆる〝ブランドポジショニング〟の考え方である。

例えば、良品計画の「無印良品（ＭＵＪＩ）」は、生活提案をコンセプトとした〝ライフスタイルショップ〟の先駆け的な存在として小売業のトレンドを大きく変えた。気軽に入れる店づくりやシンプルなデザイン、質のよい商品で知られ、今でこそ老若男女を問わず幅広い層に支持されるブランドだが、創業時のポジショニングはむしろ際立っていたという。

良品計画が設立した一九八九年はバブル経済の全盛期である。初期は西友のプライベートブランド（ＰＢ）だったが、そのコンセプトは「バブルに浮かれた日本の消費者に対するアンチテーゼ」でもあったらしい。あえてブランドを廃して、派手さや豪華さとは真逆の方向で「分かる人に分かってもらえればいい」という潔さだ。時代の流れとともに消費者がその理念を支持するようになり、今や日本を代表するブランドの一つになった。

図表4 ブランドポジショニングの考え方

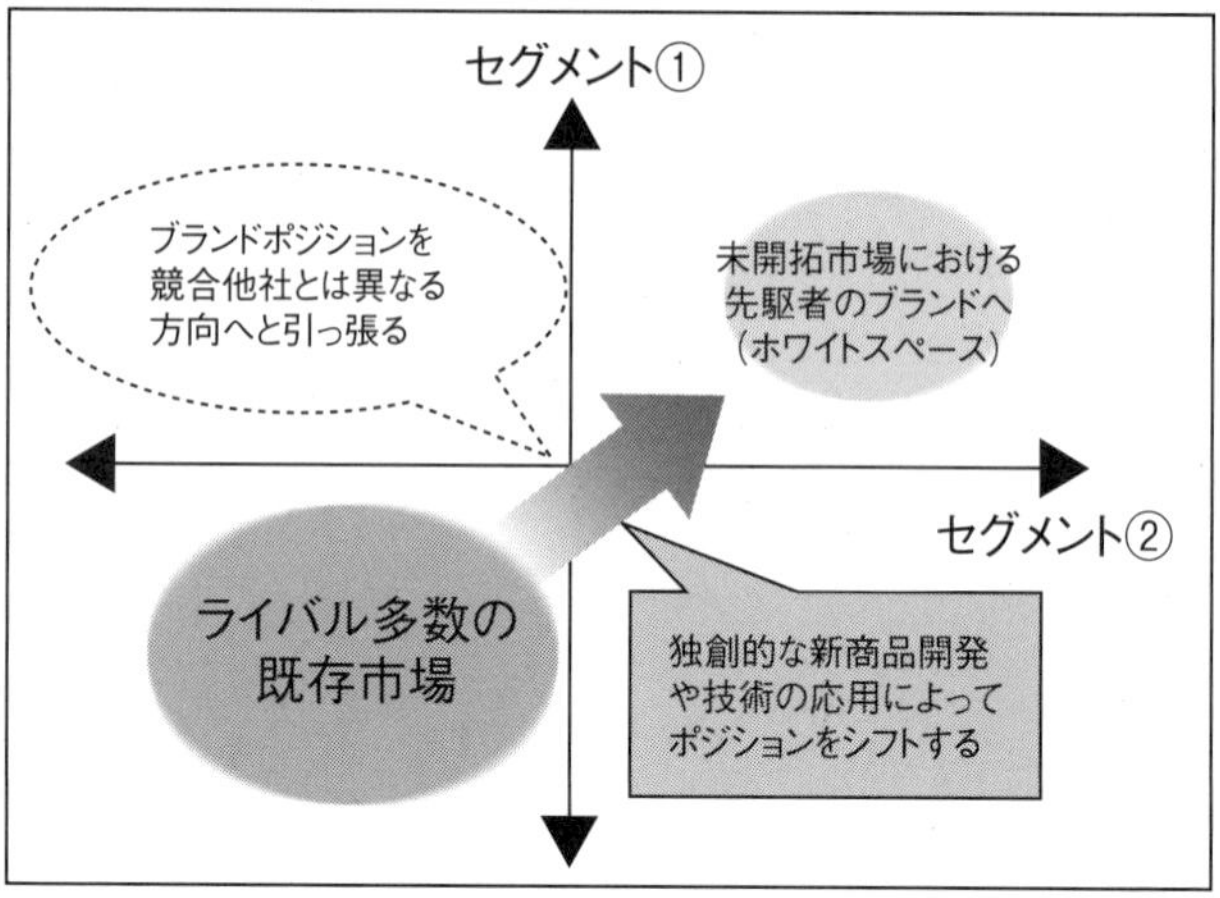

当時のトップの先見力には驚かされるが、物事の本質を見極め、世の中のトレンドが集中している市場とは逆方向に引っ張る勇気こそ、際立ったブランドを生み出す秘訣といえるだろう。

ホワイトスペースを見つけるためのツールとしてポジショニングマップを使うが、方法は至ってシンプルだ。

まず四つの象限を持つマトリクスを作成し、縦軸と横軸にはそれぞれセグメンテーションの切り口を入れる。そして、マトリクス上に自社または製品とそのライバルに相当するブランドをプロットしていく。ライバルが存在しないホワイトスペースが見つかるように、軸の切り口をいろいろと変えながら検討していくやり方である(**図表4**)。

ポジショニングマップは使う側に多少のマー

図表5　ポジショニングマップの活用事例（高級ボトルドティー）

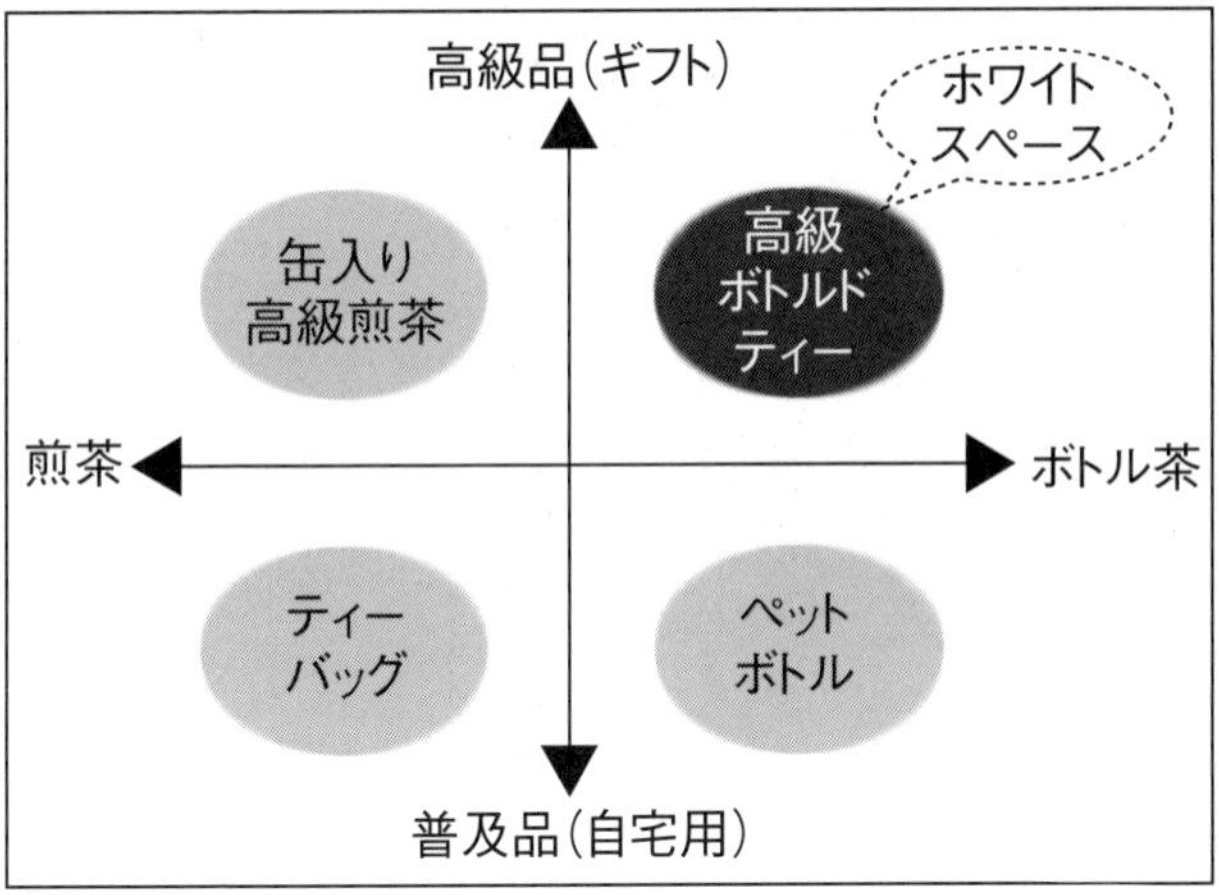

ケティング的センスは必要になるが、慣れれば決して難しくない。ブランドの際立たせ方を考える上では、これをもとに社内でディスカッションするだけで一定の効果が得られるはずだ。

まずはライバル不在のホワイトスペースを見つけることが大事だが、見つかったときに自社がそこにいない場合は、どうやって移動するかを考える必要がある。新製品や新事業の開発によって、ブランドをリポジショニング（再設定）する方法もあるだろう。

また、自社が属するマーケットはすでに飽和し、今さら空白はないと嘆くのは早計だ。例えば、日本国内で〝お茶〟はいうまでもなく成熟マーケットであり、贈答用の煎茶から安価なティーバッグやペットボトルに至るまで、多種多様なブランドが乱立している。しかし、そこに

〝高級ボトルドティー〟というホワイトスペースを発見し、新たなブランドを立ち上げて成功したロイヤルブルーティージャパンのような事例もある（図表5）。

「業界の常識は非常識」といわれる通り、同じ業界に長くいると古い考え方や価値観に染まってしまう。異業種から参入した企業が意外に成功しやすいのはそのためだ。ぜひとも、先入観を取り払って、発想の転換にチャレンジしてもらいたい。

Case 1 未開拓・未成熟市場で先駆者となる

高級ボトルドティーのナンバーワンブランド――ロイヤルブルーティージャパン

〈新しい茶のスタイルを提案〉

ロイヤルブルーティージャパンは、神奈川県茅ケ崎市にある高級ボトルドティー（ボトル入りの手摘み高級茶）の製造・販売を行っている会社である。

同社の製品は、まるでヴィンテージワインを連想させる高級感のあるパッケージに、お茶本来の香りとうまみが凝縮されたボトルドティーで、従来のお茶のイメージにはない深い味わいが特徴だ。一本三〇〇〇円から六万円といった高価格にもかかわらず、ギフト需要を中心に販売を伸ばし続けている。「いつでもどこでも誰でも高級茶が飲める」をコンセプトに、高級茶をワインのように気軽に楽しみたいという顧客の潜在ニーズを確実に捉えつつある。

同社の社長である吉本桂子氏が手摘み高級茶と出会ったのは、当時デザイナーの仕事をしていた際に訪れた高級レストラン。料理とともにお茶を楽しむというスタイルが新鮮に映り、デザイナーとして「デザインを使って世の中のスタイルを変えたい」という思いから起業に至ったという。

手摘み高級茶がなぜワインのように広まっていないかを考え、それをデザインの力で変えるのが創業の理念。四〇〇～五〇〇年前に確立した「茶の湯」は一対一の飲み方であり、歴史としてはそれほど古くない。庶民が飲めなかった煎茶、玉露、抹茶という高級茶葉を、簡単に飲める様式を確立したのが急須やペットボトルのお茶であった。一方で大衆茶が広まりすぎると、日本茶の文化が消失するリスクがある。そうした危機感を背景に、高級ボトルドティーという未開拓・未成熟の市場の先駆者として「ロイヤルブルーティー」は誕生した。上質さと手軽さを両立して、現代のライフスタイルにマッチした新しい手摘み高級茶の飲み方を提案したことが、同社の成功要因になっている。

〈徹底した品質へのこだわり〉

ロイヤルブルーティーが常識を覆すような高価格でも売れるのはプレミアムブランドの特徴でもあるが、顧客がその値付けを信頼している証しに他ならない。実際に同社は、茅ケ崎の自社工場で全てのボトルドティーを製造しており、三〜七日かけて抽出する。自社開発の非加熱ろ過除菌充填法はクリーンルーム内の手作業で、最もリスクの高い充填工程も手詰めで行っている。お茶は光、温度差、空気が入ると劣化するので、ボトルは遮光瓶、栓はガラスを使用している。製造工程は社外秘だが、製造開始年度から、食品製造工程における国際的安全管理基準であるSGS‐HACCP国際認証を取得して、高度な品質管理製造基準のもと製造・販売を行っている。

茶葉にも大きなこだわりがある。決定的に違うのは原材料の質で、一般に流通しているお茶は機械摘みだが、同社のものは全て手摘みだ。茶畑にも最高の茶葉が取れる場所と取れない場所があり、選定基準が設定されている。また、茶葉の品質を維持するために契約栽培は行っていない。茶葉の産地全体でブランド化できるかという点を重視し、茶園とのパートナーシップを築いている。

〈顧客との出会いの場所を選ぶ〉

ロイヤルブルーティーの販売は、高級レストラン、高級ホテル・旅館、航空会社のファーストクラスといった一流の場所に置いてもらうことからスタートした。例えば、高級レストランの顧客は、日常的にそうした店で食事を取るという行動特性があり、リピーターの可能性が高い。しかも、高所得者層はSNSでの拡散やギフト需要が狙える。同社がターゲットとする顧客との出会いに最適な場所というわけだ。

また、社長が最初に訪問したのはバカラショップだという。バカラのバーは酒を飲む人も飲まない人も来る絶好の場所であり、国や宗派を超越した場所であることが、選んだ理由になっている。先方が取引するかどうかの判断基準は「バカラと同等のブランドになれるか」という点で、まさにブランドがブランドを育てる相乗効果を意図したものである。

同社の売上構成は、ホテルやレストランなどの業務用と、ギフトを中心とした個人用の割合が半々であり、個人用のなかでも法人売上げが半分程度。主にノベルティーの商材として使われる。今後は顧客との直接的な接点を増やすため、二〇一七年にオープンした六本木のブティック（直営店）を旗艦店として、国内だけでなく海外の主要都市を視野に入れて展開することを目指すという。

最近では二〇一六年の伊勢志摩サミットにおいて、国賓をもてなす宴席で使用されるなど、プレミアムブランドとしての話題づくりにも事欠かない。海外では、日本法人による販売スタイルが可能なエリアから展開しているが、物流管理や品質管理のため、香港、シンガポールなどに現地法人を設立した。模倣品対策として商標はクロスオーバーライセンスで、トータルデザインについての防衛策も講じているそうだ。「日本のお茶文化を世界へ」というミッション実現に向けて、着々と計画を進行中である。

〈ぶれない経営を社員と共有〉

吉本氏は創業当時からのミッションや価値観を全社員と共有しており、その点は今も変わっていない。また、ブランディングを属人化しないことを意識している。全て自分でなければできないという形を取らず、基本的に社員に任せる。営業は訪問先が高級店であり、それ自体に教育効果がある。懇親会や勉強会に社長の代理で社員を派遣することも多い。

日本ではプレミアムブランドのビジネスがうまくいった事例が少なく、創業当時は苦労が多かったそうだが、デザイナーとして養った創造能力が功を奏した。吉本氏いわく、これからは経営にデザイン思考を取り入れることが重要で、経営が分かるデザイナーの採用も検討すべきという。創業からの理念であるデザインの力が社員や関係者を動かし、顧客から選ばれることにもつながっている。ブランディングにおいて、経営がぶれないことの重要性を認識できるモデルケースといえるだろう。

3 独自のこだわりでブランドに自信と誇りを与える

ナンバーワンブランドの二つ目の要件は、特定のカテゴリーにおいて製品やサービスに徹底的にこだわることだ。いくらナンバーワンを自称していても、それにふさわしいこだわりがなければ、顧客に認められないばかりか、逆に失望を与えかねない。

こだわりとは、価値を提供する側の「美学」に通じるものである。メーカーであれば製品の品質や技術の向上はもちろん、素材や原料を厳選することや、仕様や納期の面で顧客の要望に応える姿勢もそれにあたるだろう。サービス業であれば、専門的な知識やスキルを持ったプロ人材を養成することが、こだわるべき最重要ポイントになるかもしれない。

いずれの場合も、客観的な評価はさておき、他社と自社を比べたときに「自社が一番こだわっている」と胸を張って言えるかどうかが判断基準になる。

コストパフォーマンス（費用対効果）を追求するといえば聞こえはいいが、企業経営において効率性の追求は妥協の産物であることのほうが多い。しかし、ブランド力を高めるためには、一切妥協を許さない姿勢も必要とされる。トップや社員にはナンバーワンとしての「自信と誇り」が備わっていなければならない。

本質的な部分で手を抜き、本物らしいブランドイメージで売るのは難しくない。そうした偽りを見抜く目を持った顧客は少数派である。しかし、誰であろうと、自分自身をだますことはできない。自己矛盾はやがてほころびとなって、ブランドを失墜させることになるだろう。

経営学の巨人、P・F・ドラッカーが、プロフェッショナルに問われる矜持《きょうじ》として、たびたび引用している事例がある。古代ギリシャの彫刻家フェイディアスが、アテネのパルテノン神殿の屋根に建つ彫刻群を完成させた後で、外から見えない部分まで精緻に彫った理由を問われ、「神々が見ている」と答えたエピソードだ。それは、ナンバーワンブランドとしての企業姿勢に通じるものである。

ただ、注意すべきなのは、こだわりは過剰品質とイコールではないことだ。自社が求める理想を実現するために、必要なコストは価格に反映させてよい。とにかく安さを求めるだけの顧客は他に流れるかもしれないが、それを支持してくれる顧客がブランドの真の理解者だといえるだろう。

また、ブランドはそこで働く社員の意識や行動に少なからず影響を及ぼす。会社や商品へのプライドや仕事に対するモチベーションは、ブランドのあり方と関係が深い。自社のブランドが目指す方向に共鳴している社員は、会社へのロイヤルティー（忠誠心）も総じて高く、簡単に辞めない。常に顧客や仕事に真剣に向き合うことで、社員の成長も早くなる。まさにブランドが人を育てるといっても過言ではない。

ブランドとは顧客との約束であると同時に、社員との約束でもある。働く全ての社員に「この分野の技術に関しては、他社には絶対に負けない」という自信と誇りを与え、それを磨き続ける努力を怠らないことがナンバーワンブランドには不可欠になる。

Case 2

人と技術とシステムにこだわる専門集団

特殊ばねのナンバーワンブランド——東海バネ工業

〈特殊ばねの専門集団として一番に選ばれる〉

日本にあるばねメーカーは現在約三〇〇〇社とされる。一時期はバブル景気で国内生産高が四〇〇〇億円にまで増加したが、バブル崩壊後は二五〇〇億円まで減少した。リーマン・ショック以降も大きな回復は見られず、現在の生産高はピーク時の八五％前後となっている。

ばね業界の顧客は、自動車、家電、弱電、情報通信で八五％を占めており、特に自動車一台につきばね四〇〇〇個が使用されるほど、自動車業界にとってばねは不可欠なパーツである。

東海バネ工業では、自動車メーカーを主な顧客とする同業者の多くが量産体制へと向かったが、あえてその領域では競争しないという戦略を取った。

創業当時はすでに優良なばねメーカーが数多く存在していたため「競争しても勝てない」と考え、大手メーカーが避けるような、スーパーニッチ市場を狙うことにした。そのきっかけとなったのは、当時の社長である渡辺良機氏がドイツで視察したばね製造の中小企業だ。オーナー経営者が「値決めは自社で行う」「価格が合わなければ断る」と明言したことに衝撃を受け、顧客から適正価格の「言い値」で買ってもらえる製品やサービスをつくることを決意したという。

現在、同社のばねは電力やエネルギー、産業機械や地震対策、人工衛星やロケットに代表される航空・宇宙分野など、さまざまな製品に使われている。東京スカイツリーの最上部にある、地震や強風から塔を守るための制振装置にも採用された。

〈人と技術とシステムへの徹底したこだわり〉

同社のターゲット顧客に対する専門価値は極めて高い。経営方針に、魅力の三本柱として「最強の手仕事」「最新のＩＴ」「最高の環境」を掲げている。

①最強の手仕事

ばねに関する専門技術者を育成するため、同社には「啓匠館《けいしょうかん》」という研修施設がある。そこは職人が心おきなくモノづくりに専念できる場所で、自身の技術を磨くとともに、次世代への技術の継承も行う。また、社内技能検定の実施や独自の資格制度の制定によって、高度で精密なばね製造の「根幹ノウハウ」の向上を目指している。

高い技術を持った人材を育成し、若手社員に伝承していくことで、一度受けた特殊ばねの注文を、たとえ何年後であっても再注文してもらえる体制をつくることが狙いだ。

②最新のIT

完全受注生産を行っている同社で欠かせないのがITシステムである。従業員数約八〇名の小規模な工場で、年間九〇〇社から約三万件の注文を受けているが、クレーム率は〇・一%未満を堅持しているという。それを可能にしているのは、注文履歴をデータベースに保存し、二回目以降の発注を簡単にできる「リ・オ・ダ」というシステムをはじめとした、IT活用の受注生産システムである。これが少人数の営業スタッフでの対応を可能にしているのだ。

③最高の環境

最高の環境を掲げる同社は、どのような注文にも対応し、種類が豊富なばねをつくることができる「オーダーメードの機械」を設置している。これによって自社オリジナルのばねづくりが可能となり、他社がまねできない技術を提供することができる。

最高の機械と最高の技術を生かして、あえて手間のかかる特殊ばねを引き受けて製造し、多品種・小ロット生産を実現することが、同社のブランド価値を高めている。

〈ブランドとしてやらないことを決める〉

東海バネ工業は、次に挙げる三点を実践することで、同業他社と比べて高い収益性を誇っている。

①値引きをしない（販売促進のために安く売ることはない）
②ロットの多い注文は受けない（多品種・微量の受注生産）
③納期が守れない注文は受けない（最初に納期を提示する）

同社は、値引きで安く売ることが顧客満足につながるとは一切考えていない。東海バネ工業の顧客にとっての価値は、ばねに関する「問題解決」で、そこに価格競争は存在しない。

顧客の欲しい性能、機能を持ったばねを、顧客が欲しいときに、一個からでも提供する。あらゆる種類、あらゆる材質の金属製ばねを、オーダーメード専門に設計・製造・販売しており、平均受注量は五個であるという。値引きはしないが、受注時に顧客と交わした納期を厳守する（納期厳守率は九九・九八％）。そうすることで、言い値にもかかわらず、「ありがとう」「またお願いしたい」といった顧客からの声が後を絶たないという。これこそが、真の顧客満足だといえるだろう。

〈従業員満足が顧客満足を高める〉

同社が最も重視するのは、「社員を辞めさせない」ということである。辞めたいと思っている社員がいれば、まず上司に相談するように促し、それでも気持ちが変わらなければ社長と話をする機会を設ける。それでもまだ気持ちが変わらなければ、いったん休職して外の世界を知ってもらうのだという。そうすることで、いかに自分の職場が恵まれていたかを体感することができるのだ。

こうした取り組みの根底には、「従業員満足度の高さが顧客満足につながる」という社長の考え方がある。従業員満足を上げるのは給料や休日の多さではない。自分が籍を置いている会社に誇りが持て、自分たちの仕事に誇りが持てることだ。仕事を通じて自分自身が成長していると実感でき、それを会社も認めてくれる環境をつくることの大切さを、同社の取り組みのなかに見いだすことができる。

4 マーケットシェアよりマインドシェアを追求する

三つ目の要件は、最終的に顧客の〝マインドシェア〟でナンバーワンになることである。マーケットシェアは通常、対象市場に占める自社売上げの割合で導かれる。マーケティングの目標値としては代表的指標である。一方でマインドシェアとは、文字通り一人一人の顧客の心に占める自社ブランドの割合を指す。マーケットシェアとは違い、人の心のなかを開けてみない限り定量的に測ることは難しいが、アンケート調査などでの定点観測はできるだろう。

ブランドは顧客が認識するイメージであり、極めて感覚的なものである。特定のカテゴリーが頭に浮かんだときに、真っ先に自社ブランドが出てくることが理想とされる。反対に、対象顧客が思い出してくれなければ、そのブランドは存在しないのと同じだ。

したがって、ブランディングが目標とするのは、あくまでもマインドシェアで一番になることであり、マーケットシェアがどうなるかは、その結果にすぎない。短期的な売上げや利益の数字だけを追いかけることは、ブランディングではあまり意味がない。

どうやってマインドシェアを高めていくかが問題だが、そのプロセスには次のような三つの段階があると考えられる（図表6）。

図表6　マインドシェアの3つの段階

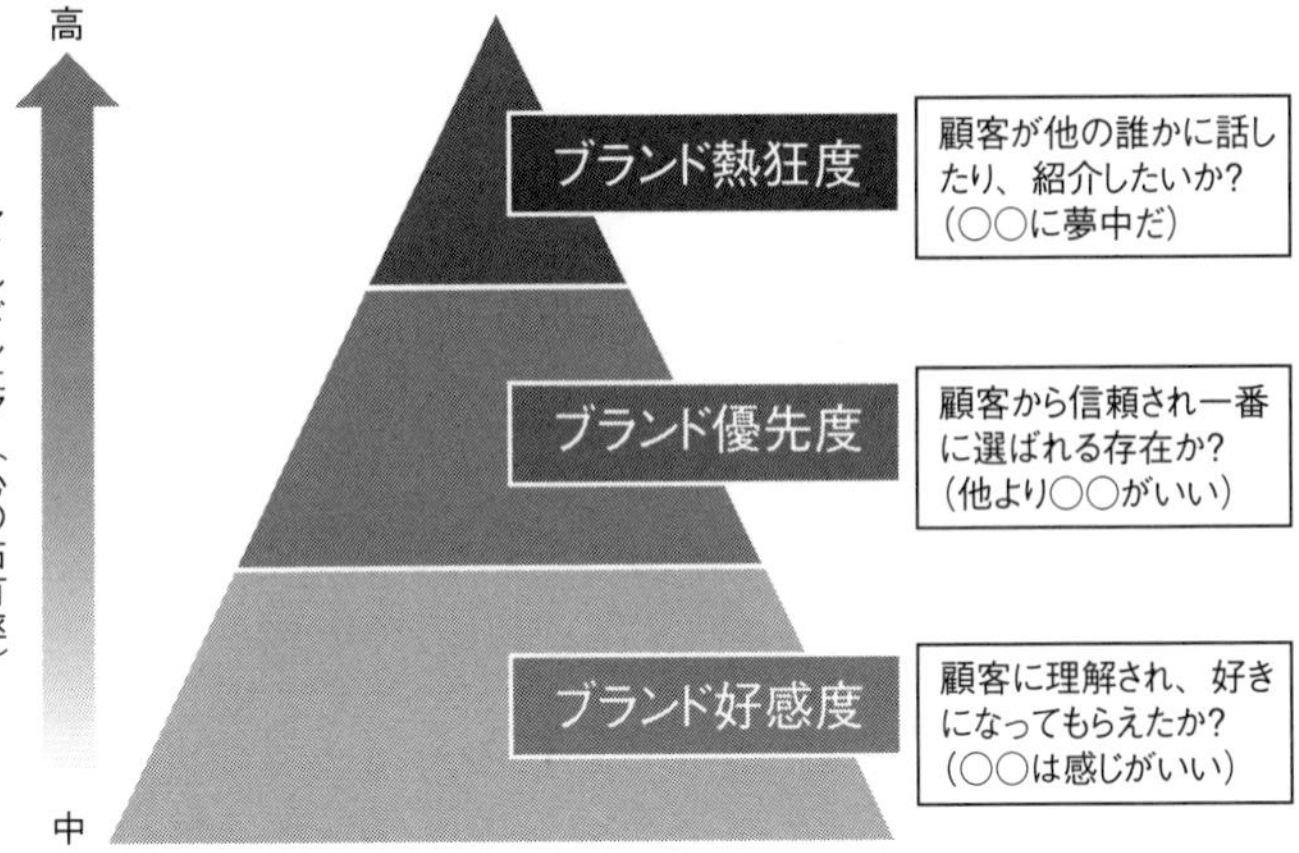

【第一段階】好感：ブランドを理解し、好印象を持ってもらう

【第二段階】優先：ブランドを信頼し、優先的に選んでもらう

【第三段階】熱狂：ブランドに熱中し、ファンになってもらう

第一段階の「好感」は、文字通り好きになってもらうことだ。そのために、まずブランドイメージについて顧客に誤解が生じないようにしたい。両者の間で認識にギャップがあるケースは意外に多い。社内では革新的な取り組みを続けているつもりであっても、顧客には保守的だと映っているかもしれないし、自社が選ばれる理由は専門性にあると思っていたら、実際には価格の安さだったりする。

自社のブランドに対する考え方やその価値を正しく伝えることは極めて重要で、顧客のマインドシェアを高める上での第一ボタンに相当する。誤った認識を与えないためにも具体的かつ丁寧な説明が必要であり、その伝え方も吟味しなくてはならない。

また長年の付き合いだからとか、地元では老舗だからという理由で、「顧客は自社をよく知っているはずだ」という思い込みは捨てたほうがいい。顧客にどう見られているか、という事実を客観的に検証すべきであり、ブランドイメージ調査を実施すれば判明する。実際に、タナベ経営がブランディングに関する調査を実施したところ、企業のほとんどが、社内と社外では何かしらの認識ギャップが存在した。

当然ながら、出てきた課題は現実としてきちんと受け止め、改善していかなければ意味がない。ギャップは解消するためにあるのだ。ブランドイメージが社内外で一致すれば、そこに共鳴して、好感を持ってくれる顧客はおのずと増えてくるだろう。

次の第二段階は「優先」である。カテゴリー内の他に比べて、優先的に選ばれるブランドだ。この段階になると固定的な顧客が増えて、定期的・継続的な購入が見込める。ただし、何となく選ばれるブランドでは弱い。こちらで理由をつくってあげることが必要だ。顧客が「○○だから△△を選ぶ」と明確に答えられるようにしたい。

ブランディング活動を通して、製品・サービスや企業の経営姿勢、社員の特性も含めて、どうすれば顧客に気に入られるかを組み立てていく。それが明確に認識されれば、他に優先して選ばれるブランドになれるだろう。

最後の第三段階は「熱狂」である。顧客が自社のブランドに夢中になっている状態で、他の誰かに宣伝や紹介をしてくれるロイヤルカスタマー（ブランドのファン、最重要顧客）も出てくる。顧客との信頼関係が最も高い状態である。最終的にはライバルとの比較や競争がない、唯一無二のブランドとして選ばれたい。顧客から「このほうがいい」ではなく「これでなければダメだ」と言われるような、他社の入り込む余地のない状態を理想とする。そういう意味では、〝ナンバーワンブランド＝オンリーワンブランド〟と言い換えてもいい。

もちろん、この状態を目指すのは簡単ではないが、やはり「理屈抜きで」選ばれる何かが必要になる。例えば、新型ｉＰｈｏｎｅ発売前日の深夜、アップルストアの前に並ぶ行列に、熱狂の存在を確認することができる。彼ら・彼女らは並ぶことを楽しんでおり、それは合理的な理由で説明できない。考えられるのは、これがアップルというブランドの信者にとって一種のお祭りであり、熱狂を生む仕かけになっていることである。

理性ではなく、顧客の感情を高ぶらせ、熱狂を与える存在。それはナンバーワンブランドが目指すべき一つの理想形でもある。

マインドシェアはこうしたプロセスを経て段階的に高まっていくもので、広告宣伝などによる一過性の効果を除けば、いきなり熱狂の段階まで発展することはない。また、認知率はマインドシェアの裾野を広げる点では有効だが、「認知度＝好感度」ではないことにも注意すべきだろう。

マインドシェア・ナンバーワンは、顧客からの圧倒的な信頼の上に成り立っており、それはブランディング活動の結果として得られるものだ。この後の章では、ブランドイメージの向上やブランディングの機能を通じて、実現に向けた具体策を詳述していきたい。

第3章

ブランドイメージをデザインする

1 ブランドイメージを高める三つの視点

ブランドとは、外部から見た「イメージの蓄積」による価値であることは、第1章で述べた通りだ。したがって、ブランドの価値を高めるためには、顧客にどんなブランドイメージを持たせるかをデザインすることが必要である。当然、ブランドが単なる空き箱であってはならない。ブランドは提供している「価値」によって、顧客との約束を果たすものである。自社に存在しないものをイメージさせることはできない。ブランド価値になる社内資源を棚卸しした上で、それにふさわしいイメージを発信することが前提であり、ブランドのキャラクター（個性）をつくっていくための正しいプロセスが求められる。

ブランドイメージの視点としては「専門性」「人間性」「社会性」が挙げられる。人がそのブランドを選ぶ際には、必ずこの三つのいずれかに基づいて判断する。それぞれの意味するところは、次の通りである（図表7）。

①専門性の視点：顧客にとって問題の解決や願望の実現が期待できるか

⇓　製品・サービスの独自性や高い技術力で顧客に選ばれる（ブランドの専門価値）

図表7　ブランドイメージの3つの視点

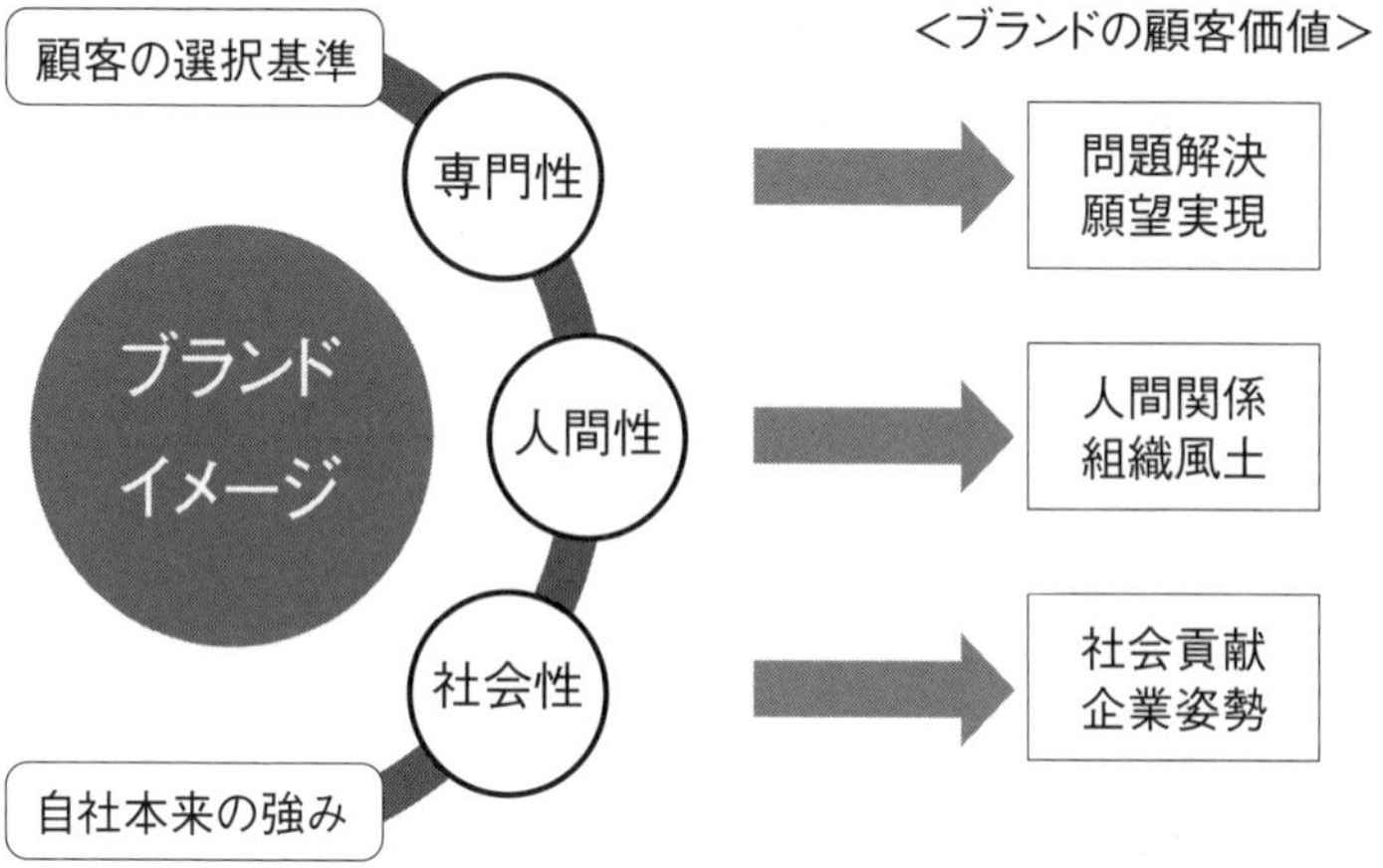

②人間性の視点：組織や人材など継続的な価値を生み出す土壌があるか
⇓　社員の能力や人柄、組織風土のよさで顧客の信頼を得る（ブランドの人材価値）
③社会性の視点：世の中によい影響を与える社会的な取り組みがあるか
⇓　地域活性化や環境保護など社会貢献が周囲に支持される（ブランドの社会価値）

専門性は、最も分かりやすい選択基準である。顧客が製品やサービスを選ぶ場合は、価格面での経済的メリット以外に何らかの理由が存在する。自分が抱える悩みを解決してくれるかどうか、デザインやセンスが好みに合うかどうか、所有する喜びやステータスといった願望実現もあるだろう。顧客はそのブランドが提供する製品やサービスに、特定のジャンルにおける専門的な価値を感じて購入しているのだ。

人間性は、会社や担当者との信頼関係で選ぶという選択基準で、専門性では割り切れない典型的な例である。品質や価格に大きな差がなければ、いつも買っている会社や顔なじみのスタッフがいる店で買うという行為は、人間的な要素が大きい。こうしたケースでは、製品やサービスより、組織や人材にブランドの価値があるといえるだろう。

社会性は、地域社会への貢献や地球環境への配慮といった、専門性・人間性とは異なる選択基準である。地球温暖化や環境破壊、発展途上国の貧困といった社会問題を背景に、近年、クローズアップされてきた視点でもある。社会貢献活動により評価が高まることで、企業のブランド価値も高まっていくケースである。

専門分野の製品やサービスで選ばれるか、社員や組織とのつながりを重視するか、企業の社会貢献で認められるか、それらの視点からデザインされたブランドイメージは、他とは違う魅力につながっていくはずだ。次に、それぞれの視点について詳述する。

2 専門性の視点【専門価値】——独自の製品やサービスで選ばれる

専門価値とは、製品・サービスや技術といった顧客に直接的な価値を提供するものであり、

図表8　ブランドの専門価値における4つの分類

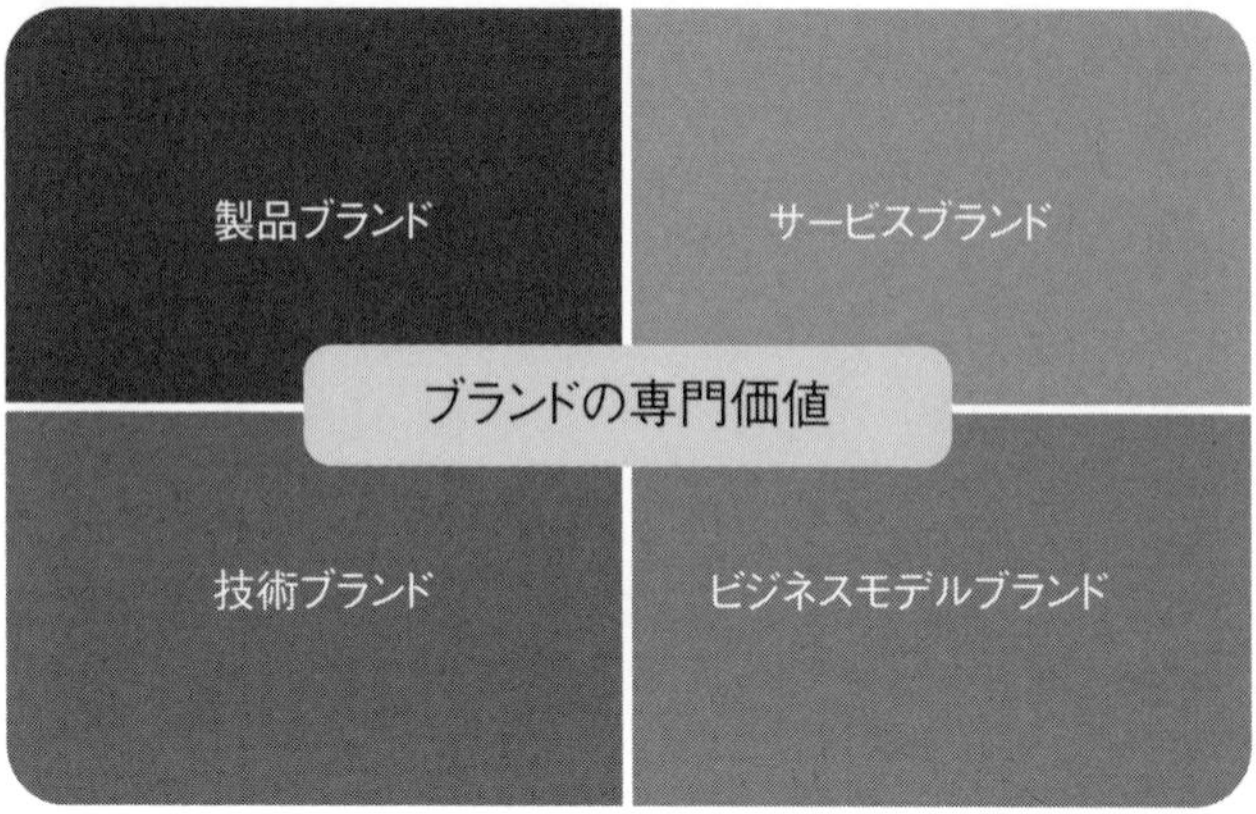

ブランドの中核を成す部分である。一般的に企業の主力事業であることが多く、専門価値がまったくないというブランドは基本的には存在しない。

自社の事業内容や強みをもとに、これらの専門価値のいずれかにフォーカスして、それを磨いていくことで、顧客に一番に選ばれるブランドを目指すことになる。

ブランドの専門価値の分類としては、製品ブランド、サービスブランド、技術ブランド、ビジネスモデルブランドの四つが挙げられる（図表8）。

製品ブランド

製品ブランドは、顧客がエンドユーザーの場合に購入する最終製品のことを指す。ものづくりが主体のメーカーでは比較的取り組みやすいといえる。しかも、一度製品ブランドで顧客のマインドシェアを獲得することに成功すれば、長期にわたって強い武器になる。実際に「カップヌードル」や「バファリン」のようにヒット製品がロングセラー化し、企業名より製品名のほうが一般的に知られている場合も多い。

製品ブランドづくりの基本スタンスは「顧客を絞り込んで価値を最大化する」ことである。最初から万人受けを狙っても、ブランドを際立たせることは難しい。特に中堅・中小企業はターゲット顧客を絞り込み、「違いの分かる顧客に、こだわりのある製品を提供する」ことに徹するべきだろう。

あくまでもブランド価値を高めることが目的なので、価格を安くする必要はない。むしろ製品開発のストーリーやその背景にある品質面のこだわりなどを、きちんとメッセージとして伝えることが大切である。ターゲットから見れば多少値段が高くても欲しくなるような、特長が際立った製品にする。また、市場でのブランド力を持続させるためには、時流や顧客ニーズの変化に応じて、定期的なリニューアルを加えていくことも不可欠だ。

サービスブランド

サービスブランドも基本的な考え方は製品ブランドと同様だが、自社が提供する価値はスピードか品質か、品ぞろえや小回り対応かなど、ライバルや他の類似サービスに比べて何かを突出させることで、ポジショニングを明確にする必要がある。ターゲット顧客のニーズを押さえてサービスの独自性を高めるとともに、不要な部分は思い切って効率化し、ブランドの特長を際立たせたい。

ブランディングに際しては、サービスという目に見えない瞬間消費型の価値を、信用や信頼のブランドとして認識してもらうことが不可欠になる。したがって、提供するメニューの具体化や分かりやすい料金体系などにより、サービスを「見える化」することもポイントになるだろう。

また、ヤマト運輸が「クール宅急便」や「ゴルフ宅急便」などの新たなサービスブランドを開発したように、顧客にどんな効果があるのかをすぐにイメージさせるため、ネーミングの重要性も無視できない。総合セキュリティーのナンバーワンブランドである「セコム」は、もともとサービスブランド名（旧社名：日本警備保障）である「セキュリティコミュニケーション」の略語である。

技術ブランド

技術ブランドとは、技術・素材・部品などの最終製品以外をブランド化したものである。代表的なものとして、「インテル入ってる」のコマーシャルで有名なインテル社製のパソコン用CPU（中央演算処理装置）や、ユニクロが東レと共同開発した防寒機能を持つ新素材繊維「ヒートテック」、トヨタ自動車がプリウスで初めて搭載した、エンジンと電気モーターの融合による駆動方式「ハイブリッドシナジードライブ」がそれに該当する。

いずれの場合も、技術・素材・部品のほうがブランドとしての評価や認知度が高く、それが使われることによって、最終製品のブランド価値も上がるという点に特徴がある。

このような技術ブランドを確立するためには、新技術の開発を経営テーマに掲げて、他社が容易にまねできないコアテクノロジーに磨き上げることが前提となる。

ブランディングにあたっては、使用されている製品の実績、実験結果のデータなども公開し、性能や期待効果の技術的な裏付けを明確にする。外部機関による実証データや認証取得が必要な場合もある。こうした部分が自社だけで難しければ、最終製品メーカーや大学・研究機関とのアライアンスで補完する。

また、技術ブランドをどこに向けて展開するかも重要で、顧客ニーズとマッチングを図ることで、成長マーケットへの転用や応用の可能性が広がっていく。

ビジネスモデルブランド

ビジネスモデルブランドは、文字通り自社独自のビジネスモデルをブランド化したものである。ここでのビジネスモデルとは、企業が売上げや利益を向上させ、経営を維持していくために確立した「儲かる仕組み」のことを指す。

セブン-イレブンがコンビニエンスストアを日本でいち早く導入・開発して成功させ、アスクルが文具業界で初めて即日配送システムを築き上げたように、ビジネスモデルを早期に確立した企業が、その代名詞としてブランドになっているケースも多い。

ビジネスモデルブランドの成功ポイントは、主に次の三点である。

①他社が容易にまねのできない独自性がある

これまで大手企業が参入できなかったニッチ市場、ターゲット顧客の供給不足の潜在ニーズをどう捉えるかがビジネスチャンスにつながる。また、異分野・異業種の成功モデルの転用や応用にもヒントがある。

②社会性が高く関係者全てにメリットがある

顧客の潜在ニーズを捉えた事業や社会的課題を解決するような事業で、顧客と自社はもちろん、仕入れ先や関係者のいずれもが利益を享受できるいわゆる「三方よし」を実現するモデルは事業としての継続性が高い。

③一般的に見ても新鮮で仕組みが分かりやすい

自社のビジネスモデルの革新性や独自性を広くアピールするためには、一般的に見て分かりやすいことも大切である。また、新鮮さがあるうちに早く普及させることで、先駆者としてブランドの影響力が高まる。

「製品」「サービス」「技術」「ビジネスモデル」の四つの専門価値のうち、どの方向でブランディングするかは、企業が有する技術やノウハウ、主力事業の特性によっても異なる。ただ、共通するのは顧客に対して問題解決、つまりソリューションを提供するという点だ。

自社の製品やサービスの強みや固有技術が何か、しっかり見極めた上で専門価値として磨き上げていきたい。

Case 3

伝統工芸の職人技をブランド価値に

錫製品鋳造のナンバーワンブランド――能作

〈職人の地位を高めることがブランドの使命〉

能作は、四〇〇年以上の歴史がある「高岡銅器」で知られる富山県高岡市の鋳物メーカー。一九一六年創業の一〇〇年を超える長寿企業で、仏具や茶道具、花器などを長く製造してきた。今では錫《すず》製テーブルウエアのナンバーワンブランドだ。

社長の能作克治氏は、元新聞社の報道カメラマンで婿入りして四代目になった。他県の出身で「よそ者」の、慣習にとらわれない柔軟な考え方が新しい展開を生んだという。

自社ブランドをつくる発端になった出来事は、克治氏がまだ職人として働いていたころにさかのぼる。小学生の親子が工場見学に来た際に、ある母親が息子にささやいた「勉強しないと、こういう職業にしか就けないよ」という心ない一言だ。この言葉を偶然耳にしたとき、社長は「職人の地位や名誉を高めたい」と強く決意したという。そして、その思いが、社員数七名ほどの小さな会社から、今や一五〇名の地場産業をけん引する企業へと成長させた。ブランディングの裏側には、社長の大胆な発想とチャレンジ精神がある。

〈錫製品の鋳造技術がブランドの専門価値〉

時代とともに需要が減少し、高岡銅器の同業者も廃業が増え始め、先細りする地場産業に同社も危機感を覚えていた。転機となったのは二〇〇一年。展示会に出品した真鍮《しんちゅう》製品を見たバイヤーのアドバイスで、自社ブランドの「呼び鈴」を製作した。ただし、結果は三カ月で三〇個しか売れなかった。その後、呼び鈴を見たセレクトショップの店員からのアドバイスで「風鈴」を製作し、今度は三カ月で三〇〇〇個という販売を記録。呼び鈴が日本の生活で使われることはほとんどないが、風鈴はニーズが高かったためだ。これが、生活雑貨の分野へと進出する足がかりになった。

銀色に輝く錫は美しいだけでなく、抗菌作用に優れ、アルコール飲料の口当たりがまろやかになるという。これも「銅製品で食器がつくれないか」という売り手の要望で始まった。

銅合金は食品衛生上、食器に使用することは法律で禁じられている。そこで着目したのが、錫純錫である。錫は軟らかい素材で、通常はその他の素材を少し混ぜることで硬度を出すが、錫純度を一〇〇%にすることで、さびにくく、熱伝導もよくなる。抗菌作用が高いという錫の特長もより際立つ。ただし、硬度を保つためには厚くしなければならないため、重たくなり、金や銀に続く貴金属のため高額になる。試行錯誤しながら、程よい厚さのタンブラーやカップなどのテーブルウエア製品を開発した。

二〇一四年には医療分野にも進出。錫は抗菌性に優れ、曲がりやすいという特性があるため医療機器にも使えるという医師の声を受けて開発に着手した。第三種医療機器製造販売業許可を取得して開発したのが、指の第一関節が変形し曲がってしまう難病「へバーデン結節」の痛みを軽減するリングだった。変形に伴う痛みや腫れがある指の第一関節に装着することで、患部を安静に保つ、指の太さや形に合わせて調整できる、軟らかい錫の特性を生かした医療機器である。

〈繊細なデザインが使う人の感性を刺激する〉

数多い錫製品のなかでも国内外から注目を浴びたのが「曲がる」というシリーズである。錫の弱点でもある「軟らかい」という素材の性質を逆手に取った。網の目状の錫を、自由自在に変形できる「ＫＡＧＯ」はその代表格だ。こうした斬新なアイデアによって、同社の錫製品は多くの人々の支持を集める。今では全国に一二店舗の直営店を出店し、各地でファンを獲得している。

多様なデザインの製品を生み出せる背景には、積極的な技術開発もある。その一つが「シリコーン鋳造法」だ。以前は、砂に少量の水分と粘土を混ぜた伝統的な「生型鋳造法」で製造していたが、量産には限界がある。新たな製造方法によって量産はもちろん、微細な表現も可能にし、美しいデザインの製品を数々開発することができるという。

タンブラー、ぐい呑み、ビアカップなどの人気が高く、錫という素材が持つ性質に加えて、シンプルで洗練されたデザインが同社製品の強みになっている。

〈産業観光という体験で新しい風を吹き込む〉

能作が注力するのはものづくりだけではない。現在、事業の一つの柱として展開しているのが産業観光である。二〇一七年四月に完成した新社屋には、年間一〇万人以上の観光客や見学者が国内外から訪れる。施設内には直営のショップや、地元食材を同社の器で堪能できるカフェをはじめ、鋳物の製造工程や職人技を体感できる工場見学、実際に鋳造体験ができる工房などがあり、富山県内でも人気のスポットになっている。ものづくりの現場を見て、鋳造体験によって鋳物の魅力を感じ、実際に器などを使って製品のよさを味わってもらうことが目的だ。

また作業場も大幅に改善され、見た目にも整然としている。「きつい・汚い」といった昔の作業場の印象はない。職人が手仕事に打ち込める職場環境で〝魅せる工場〟になった。実際に工場見学に来ていた小学生が鋳物製造に興味を持ち、現在同社で職人として働いているという。工場見学は伝統工芸を知ってもらうだけでなく、人材獲得の面でも意義がある。

同社は営業担当を置かず地元の問屋を重視し、共存共栄を図るのが基本的な考え方だ。県内の他分野の伝統工芸の職人とのネットワークを築くことにより、互いの技を生かしたコラボレーション製品も手がける。他分野とのコラボによって、伝統の世界に新しい風を吹き込む能作の活動は、新しい日本の伝統工芸のあり方を示している。

最近は海外事業部を立ち上げ、ニューヨーク、台湾、バンコクに販売拠点を設けた。長い歴史のなかで磨かれた高岡銅器の美しさと、新しい分野での錫製品の魅力を、全世界に発信していく計画だという。

3 人間性の視点【人材価値】——社員や組織風土が信頼を得る

ブランドの価値は、最終的に現場の社員の質で決まるといっても過言ではない。ブランドを具現化した製品やサービスを扱い、顧客との接点になるのは全て〝人〟だからだ。

例えば、広告宣伝でどんなに信用あるブランドだとアピールしても、現場で社員が不祥事を起こせば、その途端にブランドは失墜する。逆に、広告宣伝を一切しなくても、社員による素晴らしい顧客対応が評価されて、ブランド力の向上につながった例も枚挙にいとまがない。

米国で靴のインターネット通販を手がけるザッポスは、感動的な顧客対応で知られている。

送料・返品無料、翌日配送、二四時間三六五日対応のコールセンターなどの仕組みはあるが、今となっては決して珍しくない。ザッポスというブランドの価値は、伝説的なサービスを生み出す人材と、それを育む独自の企業文化にあるといえるだろう。

ブランドの人材価値とは、どんな企業にも存在する〝人〟という経営資源を、自社の価値としてブランド化し、差別化することである。美容室や高級レストラン、アパレルショップなど、接客を伴う専門サービス、特殊技能を提供する業種では、その効果が特に高い。カリスマ店員や有名シェフの人気が店の業績を支えるケースも多く、その場合のブランド価値は人材そのものにあることになる。

一般的に、中堅・中小企業が優秀な人材を確保することは難しいが、人件費を吸収できる付加価値の高い事業であることを前提に、専門性と生産性の両立で高い固定費をカバーすれば可能になる。スペシャリストとしての高い専門性とマルチスキルによる高い生産性を発揮でき、経営理念や企業使命感を実践できる人材、いわゆるモデル人材の共通点をコンピテンシー（行動特性）として整理し、教育体系や人事制度、採用基準やキャリアパスへと落とし込む。ブランドの人材価値を高めることは、人材が育つ環境を整備することでもある。

一昔前であれば「顧客第一」を最優先に掲げて、社員がどう思うかは後回しという風潮もあったが、今は「顧客満足よりも社員満足が大事だ」と公言する経営者も多い。労働力人口が減

図表9　ブランドの人材価値を高める3つの着眼

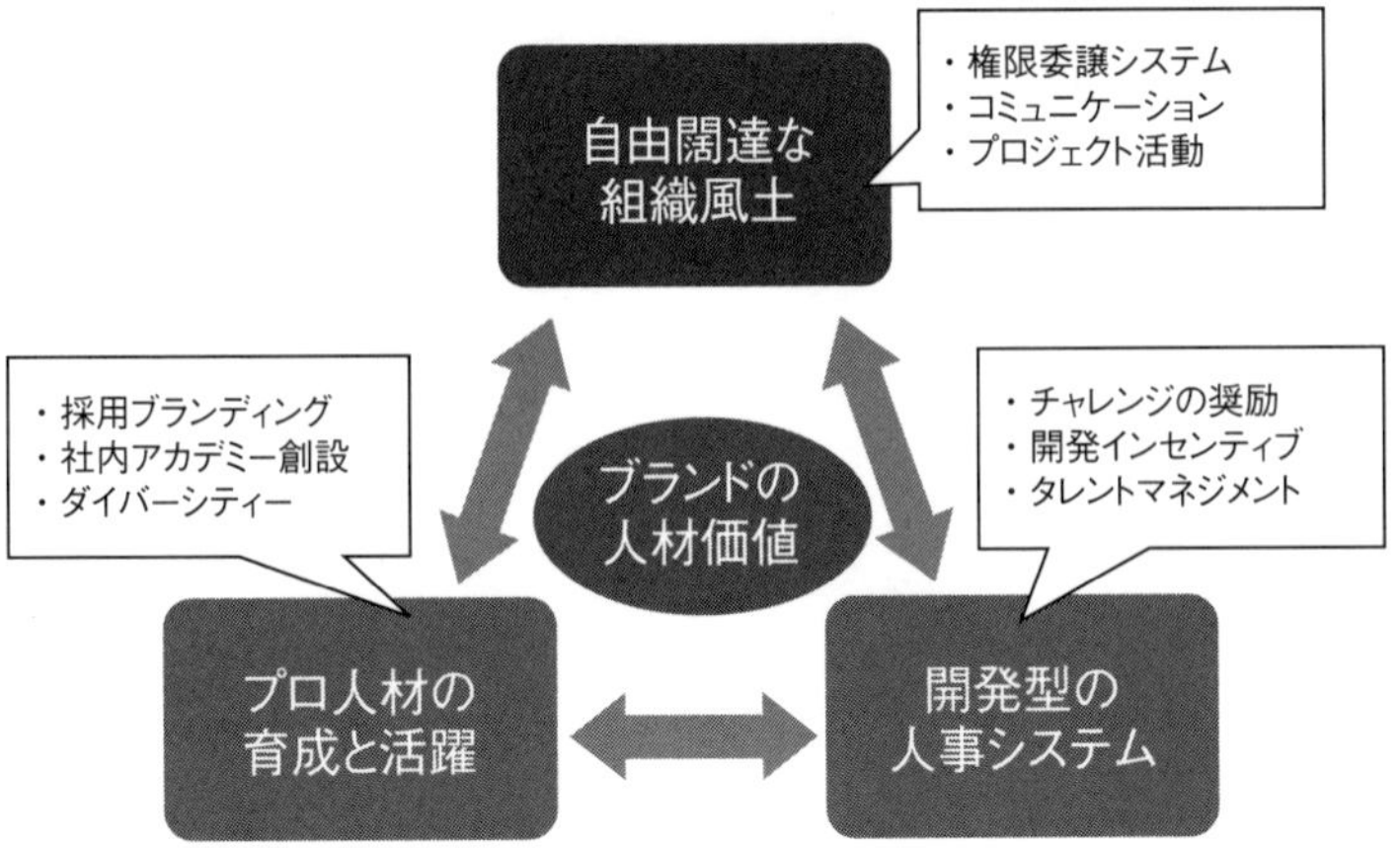

っていくなかで、優秀な人材の争奪戦はすでに始まっている。社員満足を追求しない会社は、長い目で見た場合には生き残っていけないだろう。

会社のブランドに共鳴して入社した社員が定着し、活躍することでさらにブランド価値を高めていくような〝善循環サイクル〟をどうやって実現するか。全ては組織や人材を起点としたブランドの方向付け次第だ。

ブランドの人材価値を高めていくためには、次の三つの着眼を意識して取り組みたい（図表9）。

自由闊達《かったつ》な組織風土

会社でブランド価値を生み出す土壌にあたるのが、組織風土や企業文化と呼ばれるものである。製品やサービスそのものより、社風がブランドの価値を高めているケースは意外に多い。実際に、グーグルやアップルなどのIT企業では、挑戦意欲のある自由闊達な組織風土がブランドイメージの向上に貢献している。

もちろん、日本企業特有の真面目で堅い社風を否定するつもりはないが、対外的にマイナスイメージを与えるようでは意味がない。客観的に見てよい社風だと感じるかどうかを重視すべきだろう。

自由闊達な組織をつくるのは決して難しくない。例えば、現場への権限委譲で活気のある雰囲気や、若手を中心とした社内プロジェクトチームでの活動、コミュニケーションが活発で風通しのよい職場、少人数ながらも家族的で温かい人間関係などのように、長所主義で自社の社風のよさをクローズアップしてはどうか。多少デフォルメしたとしても、組織風土をブランドに替える方向が見えてくればいい。

開発型の人事システム

組織内でのマネジメントの仕組みもブランドになる。例えば、米国の世界的化学・電気素材メーカーである3Mの「一五%カルチャー」は、社員が執務時間の一五%を自分の好きな研究に費やしてよいという不文律で、世界的ヒット製品の「ポスト・イット」を生み出したことで有名になった。開発型企業の理念を具現化したもので、他社にない価値といえる。

中堅・中小企業であっても、社員のチャレンジを奨励し、「ノートライ・ノーエラー」を許さない社風づくり、開発へのインセンティブ制度、異分野や異業種とのアライアンスを活発にする社外留学制度もある。また、社員の職歴や得意分野、保有スキルなどを共有化してそれに応じた活躍の場を与えていく、いわゆる〝タレントマネジメント〟の仕組みも人事システムとして検討してはどうか。

自社独自のマネジメントのやり方やユニークな制度があれば、それを前面に打ち出していくことでブランドイメージに反映させることが可能だ。

プロ人材の育成と活躍

顧客に高度な価値を提供するプロフェッショナルな人材を育てることは、ブランド価値を高める上では、極めて重要なテーマである。

まずは優秀な人材を採用することから始まる。採用に関しては、新卒では学歴や成績、中途では経歴や専門知識にどうしても目が向きがちになるが、その前に大事なのは、自社の理念や価値観に共鳴することだ。それがベースになければどんなに優秀な社員でも十分に力を発揮できない。また、トップの思いや熱意のある説明・説得が、採用面でもたらす効果は高い。会社の規模が小さくても、将来性や自己実現性が評価される。その意味ではトップが採用に関心を持ち、人事担当者に任せきりにならないようにすべきだ。

育成面では教育の充実はもちろん、個人のキャリアパスを明確にして目標を設定する。社員研修を体系的・効率的に行う〝社内アカデミー〟をブランド化して、採用や定着に効果を上げている企業もある。

また、人材のダイバーシティー（多様性）に対応して、育児や介護で働き方を制限される人や、女性や外国人でも安心して働けるワークライフバランスの仕組みも導入したい。

自社のブランドイメージを体現する社員、そうした「ブランド人材」の育成は一朝一夕にはいかない。しかし、一〇年や二〇年という長い年月をかけて、一人でも多く育てることができれば、他に代えがたい価値になるだろう。

Case4

エリート大工がブランド価値になる

建築構成の内製化システムによるナンバーワンブランド――平成建設

〈伝統文化を継承する人材育成がミッション〉

日本の重要文化財や伝統建築物を築いてきた大工の人口は、一九八〇年に九〇万人ほどであったが、二〇一〇年には四〇万人を割り、その後も減少の一途をたどっている。若手が減って高齢化が進み、五〇歳以上の中高年層で建築業界を支えているのが現実だ。

このような業界の現状に強い危機感を抱き、大規模な職人育成の仕組みを確立し、大工の棟梁（大工の長）を育てているのが平成建設である。

高度経済成長期に建築の効率を高める目的で分業化が進み、職人が単純作業を行うようになった。結果的に職人の賃金低下でその数が減少し、後継者も育たない状況にある。

〝絶滅危惧種〟に相当する職人を、確保・育成できれば会社の大きな財産になる。そこで同社の社長である秋元久雄氏が、自前で職人を育てることを決意したという。外注による施工が一般的な建築業界において、社内で育てた優秀な職人を主体とした独自システムでブランド価値を高めている。

若年人口が減少するなか、人材不足に直面している建築業界では採用は死活問題である。仮に採用できたとしても、誰でもできる単純作業を繰り返しても長続きしない。その点、平成建設の職人は単能工ではなく、マルチスキルである。型枠・とび・重機・鉄筋工などの一部の職種だけでなく、一〇年、二〇年という長いスパンで広範囲の技術を習得させる。そうすることで、たとえ年齢を重ねて現場作業がつらくなっても、監督などの仕事で活躍できるという。

〈独自の内製システムがもたらすメリット〉

同社のシステム上の特徴は、大工、監督、設計、デザイナー、SE、不動産など、社内のプロフェッショナルを結集して、建築に関わる一連のプロセスを内製化している点だ。現場で働く職人の大半が大学を卒業しており、高学歴の職人集団として数多くのメディアで注目を集めている。内製化することで、社員がさまざまな仕事を手がけられるようになり、自分が何を造っているのかを把握できるようになる。余分な打ち合わせは不要というわけだ。

内製化に伴う人件費の増加に対しては、基礎から足場、型枠、鉄筋までを一人でこなす「多能工」の育成によって、現場への効率的な人員配置が可能となり、工期短縮やコストダウンを実現した。設計から積算・施工現場まで一貫して結ぶ業務システムも早期に導入しており、高収益と顧客満足を両立している。

また、同社は顧客として高級志向の資産家や富裕層に狙いを定めている。幅広い知識と教養を身につけた高学歴の職人集団による内製化システムが、目の肥えた顧客の高い要求に応える高品質なサービス提供を可能にした。顧客が施工段階で設計変更を希望することがあっても、直ちに社内会議を行いスピーディーに対応できる。技術やノウハウを蓄積する効果もあり、付加価値の向上に一役買っているという。

〈ブランディングの仕組み〉

同社では、チーフリーダー（一般企業では部長に相当するポジション）を、部に所属する社員による投票で決定する。そして選出されたチーフリーダーらは、自分の右腕や左腕となるリーダー、サブリーダーを任命することになっている。このようなボトムアップの仕組みは、部下の信任が得られなければ、仕事で成果を上げるのは難しいという考えに基づくものだ。人気投票にならないよう「仕事ができるか」「上司として信頼できるか」などの客観的な基準があり、職場の緊張感も維持できるという。

同社は「三六〇度評価」を採用しており、対象社員の所属部署と関連部署の上司・同僚・部下の十数人での評価が実施される。部門ごとに異なる技能評価と各部門共通の評価項目を合わせて約三〇項目から成り、専門分野の技術力、協調性や提案力・指導力などの全体を網羅している。これによって上司との相性や個人的な感情に左右されることが少なく、客観的・多面的に自分の評価を知ることができるのだ。

また技能の伝承を目的に年二回の〝大工技能検定試験〟も行い、課題となった作品の出来栄えや、製作にかかった時間とともに、道具の手入れ状況も併せて審査している。

そうした取り組みの成果として、平成建設の年商は大卒採用を本格的に始めた二〇〇〇年からの一五年間で約五倍の成長を遂げている。同社が人材価値でブランドを確立してきた証しといえるだろう。

今後も伝統建築の文化を継承するため、住まいを芸術という視点で発想し、文化と建築の融合を目指して、さらなるブランディングを進めていくという。

4 社会性の視点【社会価値】――世の中によい会社として支持される

同じジャンルで複数の商品を比較する場合、その商品が「社会にとってよいか悪いか」で選ばれる現象は決して珍しくない。このような価値観は、最近の若い人に多く見られるようになった。これは、世界規模での社会貢献意識の高まりが背景にあると考えられる。

慈善事業への寄付金付き商品などはもちろん、リサイクルやクリーンエネルギーを活用した

図表10　ブランドの社会価値を高める3つの要素

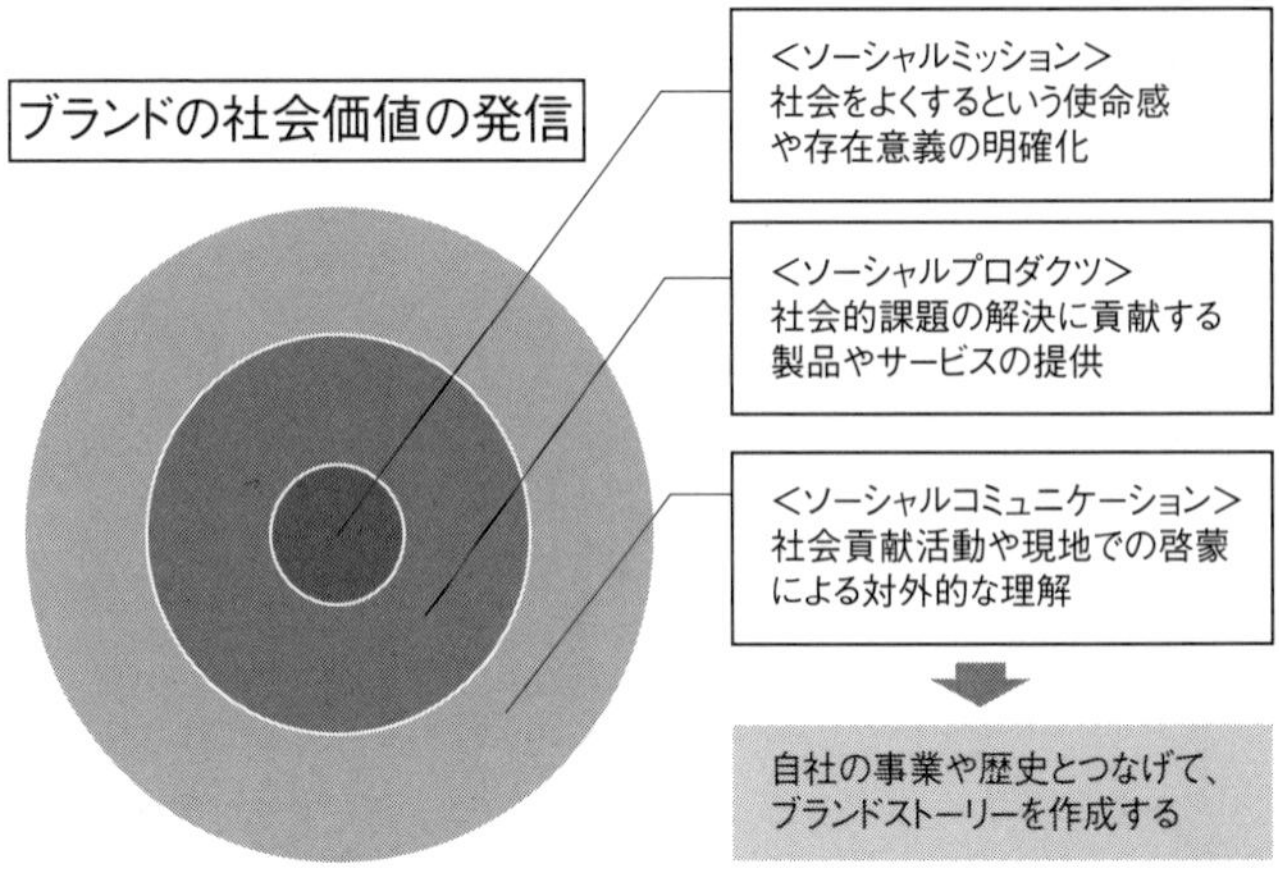

エコ消費型商品、環境保護や貧困支援のボランティア活動への資金援助などは、社会性の視点でのブランディングを具現化したものだ。従来に比べてコスト負担が増えても、それを「未来への投資」だと捉えれば、決して無駄にはならない。

また、ブランドイメージは実際に購入する顧客だけではなく、その周囲からどう見られるかも重要なポイントになる。買う側にとってはそのブランドを購入することによって、周囲にそのブランドを選ぶ存在だと評価されることになるからだ。

例えば、高級ブランドの腕時計を購入する人は、単に性能やデザインで買うのではなく、それを身に着けることで、他人に見られる自分を常に意識している。また、一部のハリウッドスターがトヨタ自動車のプリウスに乗って話題になったことがあったが、これもハイブリッドカーという環境配慮のブランドを身にまとう感覚に近いのかもしれない。つまり、自分以外の周囲や世間がそのブランドをどう評価しているかは、ブランド自体の価値になるということだ。その点においても、社会性の視点を外すことはできない。

グーグルが創業当時から掲げてきた「Don't be evil（邪悪になるな）」は、同社の行動規範として有名なスローガンだ。インターネットという企業倫理が問われる領域において、まさに社会性を前面に出したものだといえる。

また、地方創生やまちおこしに貢献することでブランド価値を高める方法もある。地域の資源を生かした製品・サービスを、地場企業や生活者とともに育て、全国のマーケットに向けて発信し、最終的には利益（納税）や雇用創出によって地域に還元するものだ。この場合は、地元企業や地域住民の総力を結集した製品やサービスが、ブランドとしての魅力につながることが多い。

ブランドの社会価値を高めるポイントは、次の三つの要素で説明できる（図表10）。

ソーシャルミッション（社会をよくする企業使命感の明確化）

ソーシャルミッションとは、会社としての存在意義や使命感を明文化し、自社が何を通じて社会に貢献するのかを宣言したものである。創業当時の社会的背景や創業者の思い、地域特性などと結び付いている場合が多い。

アウトドア用品・スポーツウエアメーカーであるパタゴニアは、「1% for the planet（1%フォー・ザ・プラネット）」という売上げの一%を環境保護団体に寄付する活動や、ペットボトルの再生素材であるフリースを開発したことで知られる、ブランドの社会価値を代表する企業だ。同社のミッション・ステートメントは、「最高の製品をつくり、環境に与える不必要な悪影響を最小限に抑える。そして、ビジネスを手段として環境危機に警鐘を鳴らし、解決に向けて実行する」。創業者イヴォン・シュイナード氏の強烈な思いが、ソーシャルミッションとして定義された典型的な例といえる。

ソーシャルミッションは、企業が社会活動を行う判断基準となるため、自社の存在意義をあらためて整理することは、ブランドの社会性を考える上で最も重要である。

ソーシャルプロダクツ（社会的課題を解決する製品・サービス）

ソーシャルプロダクツとは、社会的課題の解決に貢献するような製品・サービスのことを指す。地球環境にやさしいエコプロダクツ、オーガニック製品、フェアトレード製品、売上げの一部が慈善事業に寄付される募金型商品なども該当する。

ミネラルウオーターのブランドである「ボルヴィック」を一躍有名にしたのが、「1ℓ for 10ℓ（ワンリッター・フォー・テンリッター）」プログラムである。同社のミネラルウオーターを一リットル飲むたびに、アフリカのマリ共和国に清潔で安全な水を一〇リットル供給するという活動で、二〇〇七年から一〇年間にわたり継続された。実際にこの支援によって、マリに井戸や給水施設が設けられたことで、毎日遠くまで通っていた水くみから解放され、学校に通える子どもたちが増加したという。ミネラルウオーターの市場では、消費者が少しでも安い価格を選ぶ傾向が強いが、同社はソーシャルプロダクツによりブランドイメージを向上させ、一定の成果を得たと考えられる。

ソーシャルコミュニケーション（社会貢献活動や啓蒙《けいもう》による対外的理解）

ソーシャルコミュニケーションとは、地域団体への協力やボランティアといった直接的な取り組みも含め、自社の社会貢献を広く認知させることで対外的理解を得る活動である。WebサイトやSNSを通じた発信、新聞や雑誌の取材記事などパブリシティーを活用する方法もある。地域振興や発展途上国の支援といったテーマでは、直接現地に出向いて啓蒙活動を行うことも有効かもしれない。

ブランドイメージを高める点で重要なのは、社会貢献を単なる寄付やボランティア活動で終わらせないことだ。そこに自社ならではの〝ストーリー〟が必要になってくる。

ソーシャルミッションという大義名分のもと、それを具体化した製品・サービスがあり、社会貢献のコミュニケーション活動を通じて認められる。こうして社会性の高いブランドイメージが蓄積されていけば、最終的に付加価値や企業価値という形で自社にフィードバックされるだろう。

Case5 世界の衛生・環境・健康に貢献する

CSR型衛生用品のナンバーワンブランド――サラヤ

〈衛生・環境・健康への貢献がソーシャルミッション〉

サラヤは、一九五二年の創業以来、衛生分野を中心に事業を展開し、「ヤシノミ洗剤」をはじめとする洗浄剤や消毒剤、うがい薬などを扱う衛生用品メーカーである。

同社の特徴は創業当時から「環境と産業の共生」を理念に、自然由来の成分を使った商品開発にこだわり続けてきた「自然派企業」である点だ。

創業者である更家章太氏の生家が林業を営んでいた三重県熊野市は、世界遺産の「熊野古道」

でも知られる日本古来の宗教・世界観のルーツで、太古の自然が息づく日本の原郷である。同社はこうした自然を強く意識した価値観を原点として、自然にやさしい製品の開発に一貫して取り組んできた。

現在サラヤでは、世界を幸せにする「衛生」「環境」「健康」という三つのキーワードをソーシャルミッションとして掲げ、ブランドの社会価値向上を進めている。

〈社会問題の予防が起点となるソーシャルプロダクツ〉

同社は日本で初めての薬用石けんの開発からスタートした。創業当時に流行した伝染病に対し、誰もが健康な生活を送るために、安価で有効な病気を予防する手段として「手洗い」に着目し事業を起こしたという。

また、高度経済成長期の当時、石油系洗剤の生活排水による環境汚染が社会問題となっていたなかで、環境を汚さない植物性の「ヤシノミ洗剤」を開発。手肌へのやさしさと品質へのこだわりが評価されてファンを着実に獲得していった。ボトルの使い捨てによる石油資源の無駄遣いやごみを減らすという発想から、日本で初めて洗剤の詰め替えパックをつくったのも同社である。同社は天然素材でカロリーゼロの甘味料「ラカントS」などの食品事業も手がけるが、まさその背景には生活習慣病、特に糖尿病患者の増加があったという。同社の沿革を見ると、まさに社会問題を起点に事業展開を行ってきたといっても過言ではない。

〈CSRを主体としたソーシャルコミュニケーション〉

同社では、自社の事業を社会問題につなげる地域貢献活動を主体的に行っている。なかでも有名な「ボルネオ環境保全活動」は、ヤシノミ洗剤をはじめとする植物性洗剤の原料生産地の一つであるマレーシア・ボルネオ島において、熱帯雨林の違法伐採から動植物の生息域を守るため、植物性油使用商品の売上げの一％が環境保全団体に寄付されるというもの。もともとは「ヤシノミ洗剤のせいで、ボルネオの熱帯雨林が伐採されているのではないか？」というネガティブな問い合わせを機にスタートしたものだ。

さらにアフリカのウガンダでは「一〇〇万人の手洗いプロジェクト」というＢＯＰ（低所得者層が対象の事業）ビジネスを展開している。衛生商品の売上げの一％で衛生環境改善などに取り組む一方、現地に会社と工場を設立し、労働の機会を提供することでアフリカの社会問題の解決と自立を支援する活動である。日常的な手洗いの励行を通じて衛生状態が改善し、現地での乳幼児の死亡率低下に効果が表れているという。

一般消費者とのコミュニケーションの手段では、店頭の商品をメディアとして活用するものが多い。活動内容を専門家と協議してレベルを上げ、ターゲットをセグメントした訴求を続けており、さまざまなジャンルで共感者を獲得している。

またCSR活動によって、広告に頼らないプロモーションの効果や、販売活動の支援にもつながっている。当初は社内の理解を得ることが難しかったが、活動の成果を実感できるようになったことで、社員のモチベーションも向上していったという。

環境ブランド調査（日経BP社）では二年連続第一位を獲得（二〇一五、一六年）し、企業イメージが向上。従業員満足度、採用活動にも波及し、結果として業績も好調である。

CSR活動を継続するためには、事業に基づいた活動と、消費者の支持が売上げにつながる仕組みをつくることが重要だという。新製品の開発に際しても、市場のトレンドだけでなく、会社の理念に適しているかという視点を大事にする。

同社は、ブランドの社会価値によって消費者への理解とロイヤルティーを高め、消費者自身の意識を変え、世界を変えることを目指して事業を展開している。

5 ブランド資源の棚卸しと価値への転換

最終的にブランドイメージをデザインするためには、これまでに紹介した三つの視点（専門性、人間性、社会性）から自社のさまざまな要素を整理し、ブランドイメージの価値（専門価値、人材価値、社会価値）に替え、蓄積していくことが必要になる。
まずは次に示すように、価値になり得る「ブランド資源」の棚卸しを行う。

専門性から見たブランド資源

・他社が模倣できない固有技術、高度な技能や製造ノウハウ
・研究開発力、開発実績（過去のヒット商品、施工物件など）
・顧客評価の高い接客や専門サービス、独自に構築したビジネスモデル
・競争力の高い製品やサービス（特に利益率が高いもの）
・販売ルート（店舗数）や販売パートナー、優良顧客との取引実績
・原料や資材の調達ルート、物流体制、安定生産能力、品質管理体制
・顧客満足を高める仕組みやシステム（コールセンターやアフターサービスなど）

人間性から見たブランド資源

・専門知識やスキルを保有する人材、社内の有資格者（国家資格など）
・独自の人事評価制度やキャリアパス、ユニークな福利厚生や人事施策
・階層別／職種別教育体系、社内留学、海外研修などの人材育成の仕組み

・組織マネジメントシステム、社内プロジェクトチーム、自由闊達な組織風土
・働きやすいオフィス環境づくり、働き方改革・生産性向上への投資
・ダイバーシティー、ワークライフバランスへの取り組み（育児・介護支援など）

社会性から見たブランド資源

・社会課題解決型の製品やサービス（環境配慮型、リサイクル、省エネ対応など）
・地球環境保護への取り組み（産業廃棄物の削減、CO_2の排出規制など）
・原材料のフェアトレード調達、新興国のパートナー企業への経営支援
・地方創生や地域活性化への貢献、被災地への寄付金やボランティア活動
・発展途上国の貧困問題への取り組み、社会インフラ整備などの支援活動
・ハンディキャップ人材の積極的な雇用や就労支援

右に挙げた内容はあくまでも一つの参考にすぎない。創業からの事業の変遷や成長過程・成功要因をひもとけば、それ以外にもブランド資源があるかもしれない。客観的、体系的かつ網羅的に、自社に存在する全ての要素をプラスサイドから見直すことが必要だ。

また、この作業はブランディングの展開策につながる重要な意味を持つ。できればトップや

幹部社員、コンサルティング会社などの第三者を含めたグループディスカッションによって進めたい。複数のメンバーが互いの意見やアイデアをぶつけ合うことで、今までとは違った視点が見えてくることもある。

そしてブランド資源の棚卸しが終わった時点で、三つの視点から自社のブランドイメージのあり方を決めていく。三つの価値はそれぞれが有機的に結び付いているため、どれか一つに絞るのは難しいが、強弱のバランスはあるはずだ。

まずは専門価値を明確にして、そこに人材価値をプラスする。さらに社会価値の側面から全体を俯瞰《ふかん》してみる。そうすれば一つの「ブランドストーリー」が出来上がる。文章化してブランドのメッセージにまとめてもいいだろう。最終的に、どんなブランドイメージにデザインしていくかは、トップの理念や価値観によるところが大きいといえる。

第4章

ブランディングを成功に導くために

1 ブランディングの七つの機能

ブランドとブランディングは違う

前述の通り、ブランドとは「顧客との約束」をイメージとして蓄積していき、認識記号化したものであるが、ブランディングとは「顧客との長期的な信頼関係づくり」のプロセスのことで、ブランドを構築・維持し、発展させていくために必要不可欠なものである。

すでに強いブランドを持っている会社であれば、ブランディングもできていて当然だと考えるのは早計だ。その会社のブランドとブランディングが連動しているとは限らない。

ブランドとブランディングを両立できていない事例は、伝統あるブランドを有した老舗企業によく見られる。創業者が築いたブランドを持っていながらも、それに依存して努力を怠ってしまう。そして時間の経過とともに陳腐化して、ブランド力が落ちていくケースだ。まさに、「ブランドはあっても、ブランディングがない」企業の典型的な症状といえる。

反対に、現時点でブランドが弱い企業は、自社のブランディングを見直していくことで、結果としてブランド力を向上させることが可能となる。

図表11　ブランディングの7つの機能

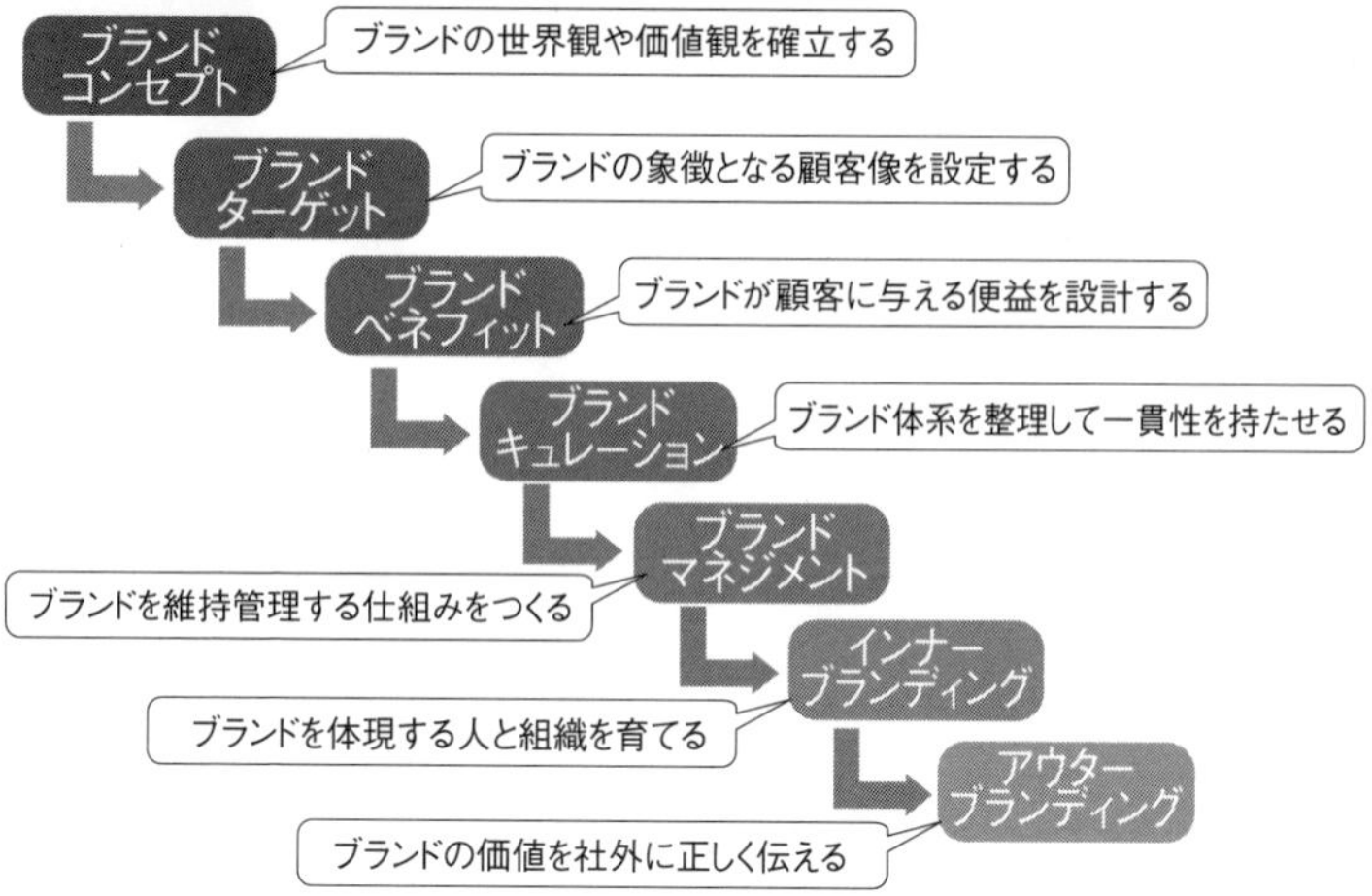
ブランドコンセプト
ブランドの世界観や価値観を確立する
ブランドターゲット
ブランドの象徴となる顧客像を設定する
ブランドベネフィット
ブランドが顧客に与える便益を設計する
ブランドキュレーション
ブランド体系を整理して一貫性を持たせる
ブランドマネジメント
ブランドを維持管理する仕組みをつくる
インナーブランディング
ブランドを体現する人と組織を育てる
アウターブランディング
ブランドの価値を社外に正しく伝える

したがって、ナンバーワンブランドの確立と併せて、ブランディングの機能を強化することも体質改善の目標としたい。本章ではそのポイントを解説する。

ブランディングの七つの機能とは

ブランディングは、大きく次の七つの機能に分解される（**図表11**）。これらの機能は、人間の背骨と同じように全てがつながっている。どれか一つでも欠落している場合には、ブランディングの効果を十分に発揮できない可能性がある。

①ブランドコンセプト：ブランドが目指す世界観・価値観を確立する

②ブランドターゲット：ブランドの象徴となる顧客像を設定する

③ブランドベネフィット：ブランドが顧客に与える便益を設計する
④ブランドキュレーション：ブランド体系を整理して一貫性を持たせる
⑤ブランドマネジメント：ブランドを維持管理する仕組みをつくる
⑥インナーブランディング：ブランドを体現する人と組織を育てる
⑦アウターブランディング：ブランドの価値を社外に正しく伝える

また、各機能は取り組む「順番」も大事だ。例えば、ブランドのコンセプトやターゲットが明確になっていない状態で、アウターブランディングを先に進めるのはお勧めできない。自社のブランドの「何を」「誰に」伝えるのかがはっきりしなければ、その後の取り組みは効果が薄れてしまうからだ。目的感が不明確なままで、「とりあえず目立つように」とか「カッコよくしたい」といった理由から、プロモーションを広告代理店やＷｅｂデザイナーなどの外部に依頼しても、期待したほどの成果は得られないだろう。

この順番に関しては、会社の規模や業種・業態によっても優先順位が変わるため、多少のイレギュラーや同時進行があってもいい。ただ、ブランドのコンセプトやターゲットを明確にした上でインナー、アウターへという流れで取り組んでいきたい。

全ての機能を確立するまでにある程度の期間を要するため、即効性は期待できないが、結果的にブランディングの成果を最大化できるはずだ。

次に、ブランディングの七つの機能について詳述していく。

2 ブランドコンセプト――ブランドが目指す世界観・価値観を確立する

強いブランドの根幹を成すもの

ブランディングを進める上で最初の機能は「ブランドコンセプト」を確立することだ。

企業がブランディングを成功させるための鍵は、「根幹」をどう鍛えるかにかかっている。人間に例えれば「体幹」に相当するもので、体幹はトレーニングによって強化していけば、どんなスポーツにも必要な運動能力の基礎が出来上がる。それと同様に、ブランドの根幹に相当するのがコンセプトである。コンセプトとは、目指している世界観や価値観を表現したもので、そこにブランドのエッセンスが凝縮されている。

コンセプトの強弱はそのままブランド力の格差となって表れる。ナンバーワンブランドの多くは、それにふさわしい明確なコンセプトが存在していて、そこに込められた思想や意思が大きいほど、ブランドの影響力も強くなっていく。ブランディングの全ての取り組みの起点にも

図表12　ブランドコンセプト作成のポイント

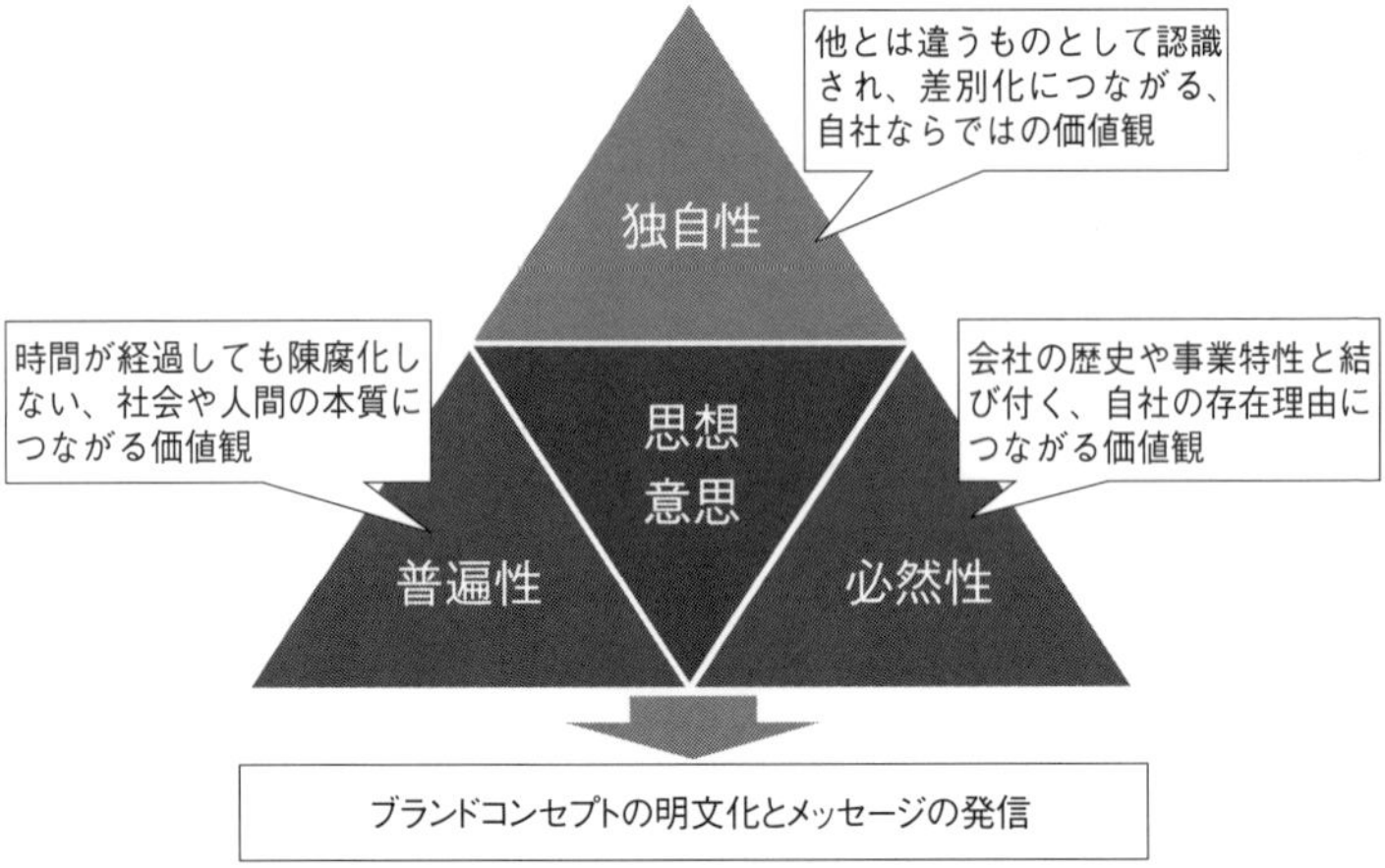
他とは違うものとして認識され、差別化につながる、自社ならではの価値観
独自性
時間が経過しても陳腐化しない、社会や人間の本質につながる価値観
思想
意思
会社の歴史や事業特性と結び付く、自社の存在理由につながる価値観
普遍性
必然性
ブランドコンセプトの明文化とメッセージの発信

なるため、まずはここから確立しなければならない。

ブランドコンセプトの作成にあたっては、押さえておくべきポイントとして、「独自性」「必然性」「普遍性」の三つの視点が挙げられる（図表12）。

ブランドコンセプトづくりの三つの視点

「独自性」とは、他と違ったブランドであることを示して差別化することである。どんなに優れたコンセプトを自負していても、個性がなければ埋没してしまう。

最も分かりやすい事例は、スターバックスコーヒーの「3rd Place《サードプレイス》（第三の場所）」というコンセプトだ。同社の店舗は「職場でも自宅でもない、自分だけの場所と時間を提供する」ための空間である。したがって、店舗のデザインやインテリアには上質さと統一感があり、ソファやテーブルもゆったりとくつろげるようなサイズになっている。全てがブランドコンセプトを実現するためのアイテムとして存在しているのである。

似たようなスタイルのカフェはあっても、こうした世界観を持って店舗展開しているチェーン店は他にない。それが、スターバックスブランドの独自性の源泉といえるだろう。

独自性が強いということは、それに共鳴する相手を選ぶことになる。顧客はコンセプトが自分の価値観と一致しているかどうかでブランドを選択するが、逆に考えれば、顧客が自社を選ぶ理由がブランドの独自性だという可能性もある。もし、自社のブランドに個性がなく、ありきたりに感じられる場合には、どのような価値で顧客から選ばれているのかを、顧客の視点から見直してみてはどうだろうか。自社の製品やサービスのどこが気に入り、どのような用途やシーンで使っているのか、また今後は何を期待されているのかをひもといていけば、ブランドコンセプトの素材が見えてくるに違いない。

「必然性」とは、コンセプトに背景やストーリーがあるということだ。それは会社の歴史や事業内容との関係が深く、ブランドに特別な「意味」を与えている。

無印良品は、今や世界中に受け入れられているジャパニーズブランドの代表格だが、その根幹には日本独自の価値観に基づくコンセプトがある。運営会社である良品計画のホームページには「『感じ良いくらし』の実現」というスローガンと併せて、無印良品の未来として、「『これがいい』ではなく『これでいい』」という理性的な満足感をお客さまに持っていただくこと」というメッセージが明記されている。一つ一つの商品の価格は高くないが、決して安物ではない。派手さや豪華さとは違う、抑制された質のよさがある。そこに「本当の豊かさとは何か」を訴えかける明確な意思や思想が存在している。

無印良品のコンセプトは、外国企業には決してまねをすることができない、日本人ならではの価値観という必然性がある。だからこそ、海外においても高く評価されているのだろう。

売れているブランドのコンセプトやデザインを模倣して使うのは簡単だが、その会社の歴史や文化までを模倣するのは不可能だ。ブランドとは、組織風土や企業文化といったＤＮＡ（遺伝子）レベルで形成されるもので、それと連動することが必要である。

「普遍性」とは、時代が変わっても通用するコンセプトにつながるもので、社会や人間の本質的な部分とつながっていることがポイントだ。

教育サービスの分野では、日本公文教育研究会（公文）が挙げられる。「ＫＵＭＯＮ」ブランドの教室として海外五〇の国と地域に展開しており、生徒数は全世界で四三〇万人を超えている。

公文には教育に対して独自の価値観があり、その根本にあるのは日本古来の「子宝思想」だという。子どもは神から授かった宝物であり、親だけでなく地域全体で育てていくべきだという考え方で、その表れの一つが江戸時代の「寺子屋」である。地域に密着して展開し、近隣の身近な大人が指導者になる公文の教室は、まさにその現代版だといえる。

公文では、子どもが持っている可能性を信じ、最大限に引き出すことを目的に、個々の成長度合いに応じた課題を与える「ちょうど」をカリキュラムの基本としている。教室運営も「子どもから学ぶ」という姿勢で、常によりよい指導方法への改善を行っている。

このようなコンセプトは、人間が子どもを育てる上で普遍的な考え方だといえるだろう。普遍性のあるコンセプトは、国や地域を超えて、ブランドを広く長く、そして深く展開できるというメリットを与えてくれる。

このポイントを押さえた上で、ブランドコンセプトを策定する。前章で紹介した三つの視点からブランド資源を棚卸しし、それらを俯瞰した上で、自社の目指すべき世界観や価値観を再定義しなくてはならない。

日本には長い歴史と伝統文化があり、世界に誇れるものも多い。無印良品や公文も日本的な価値観が海外に受け入れられ、ブランドイメージを確立したケースだ。他にも、自然との調和や共生、和の精神と利他の心、おもてなしの文化など、さまざまなものがある。

こうした日本人としての精神を取り入れて、ブランドコンセプトを定義していくことは、グローバル展開やインバウンド需要を狙う企業にとって大きな強みになるだろう。

そして、自社がブランドを推進することによって、成し遂げたいのはどんな世界なのか、その思いを二〇字以内程度の短い文章にまとめていく。簡潔な表現へと煮詰めていくプロセスを通じて、目指すべきブランドの「核心」に迫ることができる。

コンセプトに正解はない。そこにあるのはブランドに込められた思想であり、意思である。経営トップをはじめ、全社員が理解・納得できる、明確で分かりやすいブランドコンセプトが策定できれば、ブランディングは半ば成功したも同然である。また、コンセプトを翻訳した具体的なメッセージをトップが発信し、社内外に伝えるだけでもブランドイメージの向上につながるはずだ。

コンセプトをビジョンに展開する

さらに、コンセプトに基づく今後の事業戦略を「ブランドビジョン」として体系化することもお勧めしたい。これはコンセプトの世界観・価値観に基づいて、将来の事業展開を構想したもので、ビジュアルイメージで表されることも多い（図表13）。

コンセプトが会社の存在価値を俯瞰したものであれば、未来を描くビジョンは現在より事業領域が大きくなってしかるべきだ。例えば、食品メーカーが「健康」や「食文化」といった形

図表13　ブランドビジョンの展開イメージ

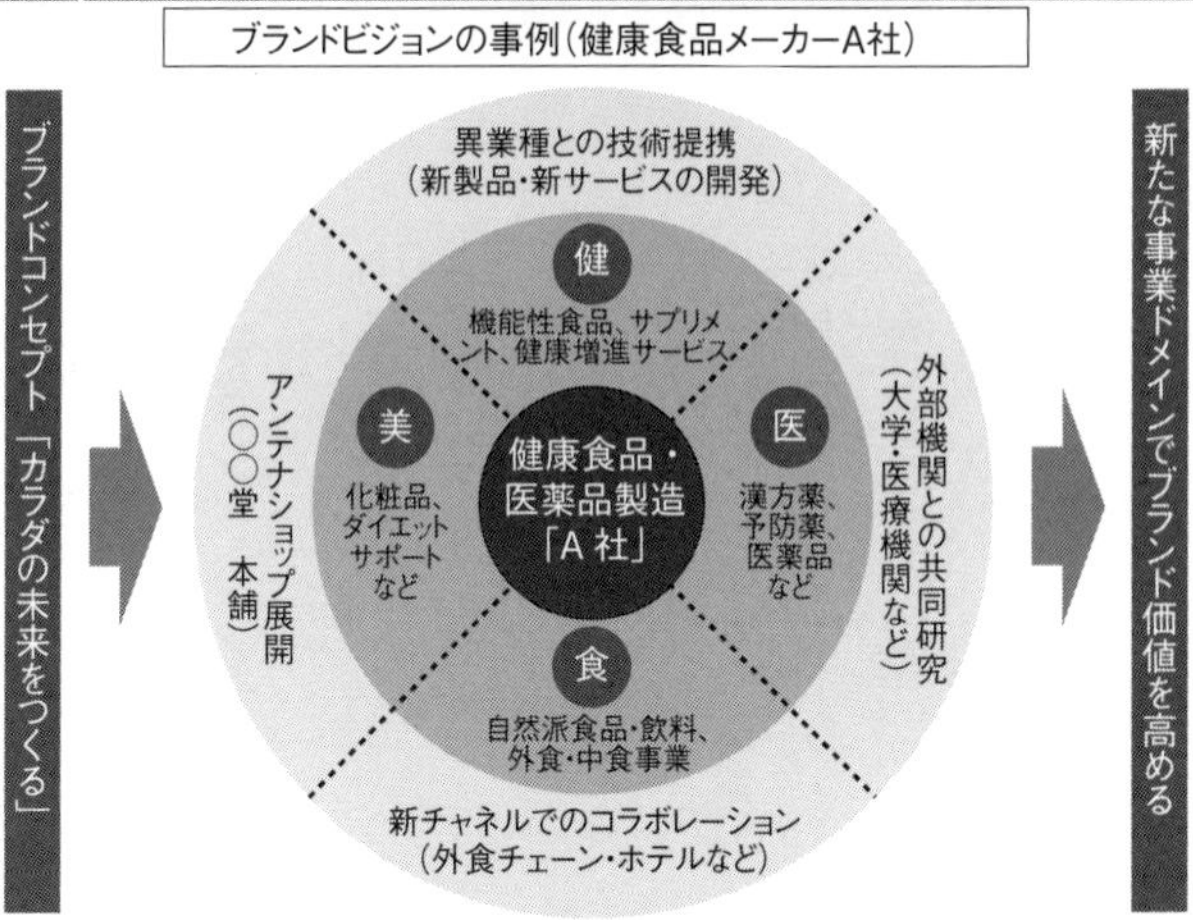

で「モノ」から「コト」へと展開していくように、戦略的な発想が次々に浮かんでくるようであれば本物である。

また、本業以外の多角化を進めて分散してしまった各事業を、新たなブランドコンセプトによってつなぐこともできる。多少こじつけ的な部分はあるかもしれないが、これまで手がけてきた事業で、今後も続けたい事業には何らかの目的がある。そうした自社の歴史のなかにブランドのストーリーがあり、必然性を見いだすとは決して不可能ではない。

優れたブランドコンセプトは、あらゆるものを包含した上で、未来への可能性をさらに大きく広げてくれることだろう。

Case6

心の豊かな生活を追求するエシカルカンパニー

ハーブ&アロマテラピーのナンバーワンブランド――生活の木

〈普遍性の高いブランドコンセプトの明示〉

生活の木（東京都渋谷区）は、日本にハーブやアロマテラピーといった文化を紹介し、普及させた先駆者的なブランドだ。世界三二カ国の提携農園から厳選したオーガニックハーブや精油、植物油などを直輸入し、ハーブ、アロマテラピー、スーパーフード関連商品を製造・加工から卸・販売までを行っている。全国約一二〇の直営店をはじめとし、ハーブガーデン、サロン、カルチャースクールなどの多彩な事業展開が特徴である。

同社のブランドコンセプトは「自然・健康・楽しさをテーマに、モノ、コト、そしてココロの豊かさある生活を追求、提案、販売する」である。

同社が法人化されたのは一九六七年。二代目社長が陶器店を営んでいたころだ。その後、ハーブの事業を始めたきっかけは、三代目社長である重永忠氏が子どものころに腎臓病を患った際、漢方の治療によって完治したことだという。日本人がハーブという言葉すら知らなかった時代から文化の普及や用途開発に取り組み、「ハーブのある生活＝ハーバルライフ」を長年にわたって提案してきた。

もう一つの特徴は、社会性の追求である。同社は「エシカルカンパニー」を理想として掲げている。エシカル（ethical）とは倫理的や道徳的という意味の英語で、地球環境の保護や社会・人間の問題に配慮した活動を指す。例えば、環境破壊を引き起こしている企業が販売している商品は購入せず、逆に環境に配慮した商品や、伝統的な技を次代に残そうと職人の技でつくられている商品は積極的に購入して支援する。こうした取り組みを進めて、今後もエシカルを追求していくという。

〈文化を啓蒙するブランドビジョンの展開〉

同社が提供する商品は全て、原料調達から企画開発・店舗販売に至るまで自社で行う「一貫流通体制」で供給されている。商品開発は、ハーバルライフの文化⇓ココロ⇓コト⇓場⇓モノの順に進めていくため、おのずとモノの開発は最後となる。

同社は、日本においてハーブという言葉すら通じなかった一九七〇年代後半からハーブの輸入と商品開発によって、ハーブ、アロマテラピー、アーユルヴェーダ（インドで生まれた世界最古の伝承医学）など、モノ・ココロのマーケットに対して、次々と新たな事業を展開している。

例えば、ハーブ本来のコト・用途を体感できる施設として、埼玉県飯能市にハーブガーデン

「ハーバルライフカレッジ（現・薬香草園）」を設立した。

アロマテラピーに関しては日本アロマテラピー協会（現・公益社団法人 日本アロマ環境協会／AEAJ）の設立から始まり、資格制度として年二回のアロマテラピー検定を実施。結果的に有資格者がオピニオンリーダーとなって、一気に各地に広まったという。その他にもカルチャースクールの「生活の木ハーバルライフカレッジ」では、さまざまなセミナーや資格認定講座を受講できるようになっており、同社が発信する文化を理解し、啓蒙する役割を担う〝伝道師〟とも呼べる人たち（アロマテラピーアドバイザー、アロマテラピーインストラクター、アロマテラピスト）が次々と育っている。

最近では、アロマテラピーのみならず、植物の自然の香りによる空間演出「環境芳香」が注目されている。香りは人の心や体に働きかける作用があり、スポーツ、介護、ボランティア活動の現場でも取り入れられることが増えてきた。このように、市場も顧客も商品も文化も、すでにあるものではなく、「創っていくもの」という認識だ。今後も自然の恵みを活用しながら事業の可能性を追求していくという。

社会貢献事業としては、世界の産地とつながり、付加価値を現地に還元していく「コミュニティートレード」がある。ガーナのシアバターを原料にした石けんの販売を始めた際、現地で石けんの製造技術を指導した。製造に携わったガーナのコミュニティーも豊かになるという構図だ。

また「ウェルフェアトレード」（社会的弱者の人々がつくる製品・サービスを適正価格で購入して自立を支援するビジネス）の一環で、福祉施設「セルプあいら」（鹿児島県）で石けん製造を指導し、完成品を生活の木の直営店で販売している。ラベルシールには利用者の手描きデザインが施され、世界に一つしかないオリジナル石けんとなっている。社会参画を実現するこの取り組みは施設利用者とその保護者に喜ばれ、品質の高い手づくり石けんは、顧客満足を生む。こうした動きが他の施設にも広がりつつあるという。

さらに「エシカルチャレンジ」として、グリーン電力や生ごみリサイクル、マイポットの推奨を始め、地球環境や社会にとってよい活動を推進する。例えば、植林活動で〝使ったら植える〟を実践しており、ローズウッドは調達時に新たに植えて、サスティナブルな資源の確保を目指す。また、超高齢社会を見据え店舗スタッフ全員が「認知症サポーター」の養成講座を受講している。同社が目指すのは「世界一思いやりのある企業」。人・地球・産地・動物・植物・次世代に対しての思いやりで世界一を目指している。

〈目指すのは「つじつまが合う」経営〉

同社では、働く社員を家族と考え、ＥＳ（社員満足度）ポリシーを掲げる。特に重視しているのは、働きがいと仕事の醍醐味《だいごみ》であり、企業活動で最も重要な指標でもある。

同社のミッションは「自然・健康・楽しさ」の三つを充足させることで、顧客の幸せをかなえること。社員はそれに基づいて自由に仕事ができる。そして根底には、「社会によいことをしている」という思いがあり、仕事を通じてさまざまな人に喜ばれることが、モチベーションの高さにつながっている。

同社は社員・スタッフの約九割が女性であり、女性が存分に活躍している。経営理念への共感を重視しており、組織体制もオープンかつフラットで、全ての部門が本部意識を持つ。

全社員で経営計画をつくり、社長はベクトルを示すのみで、数値目標や定性目標は社員が決める。個人の価値観をチームの価値観にし、チームの価値観を会社の価値観にする。社員の個性を尊重するのが同社の流儀である。約八〇〇名の全社員がブランドへの意識を持っており、単に商品を売るのではなく、ハーバルライフという文化を広げるための活動を行っている。

重永社長が理想とするのは「つじつまが合う」経営。言っていることとやっていることが一致している会社である。商品やビジネスモデルだけでなく、社員一人一人の行動も含めて、生活の木というブランドが成り立っているのだ。

3 ブランドターゲット ――ブランドの象徴となる顧客を設定する

ブランドコンセプトを展開していく上では、まず「誰」に対して価値提供していくのかを「ブランドターゲット」という形で明確にする。ターゲットはコンセプトに共感・共鳴する顧客層で、ある意味でブランドに選ばれた存在だといえる。そのイメージが具体的になればなるほど、提供する価値や伝え方もおのずと的を射たものになるはずだ。

ターゲット設定の前提条件として、客層分析、顧客満足度（CS）調査、グループインタビューなどを通じて、現在のブランドを支持している顧客層を把握しておくとよい。

ただ、注意すべき点としては、ブランドターゲットは販売の中心となる顧客層と必ずしも一致しないことである。もちろん、売上げのボリュームを占めるメインターゲットを切り捨てるという意味ではない。ブランドイメージの担い手となる顧客を、〝象徴〟として設定することが目的になる。

このような象徴的な存在がブランドづくりには欠かせない。例えるならば、アパレルショップで三〇代の女性を意識した店舗や品ぞろえにして、実際には二〇代から六〇代までの幅広い年代の客層が来店するのと同じである。特に化粧品のようなファッション性が高い分野では、

図表14　ペルソナ作成のフォーマット例

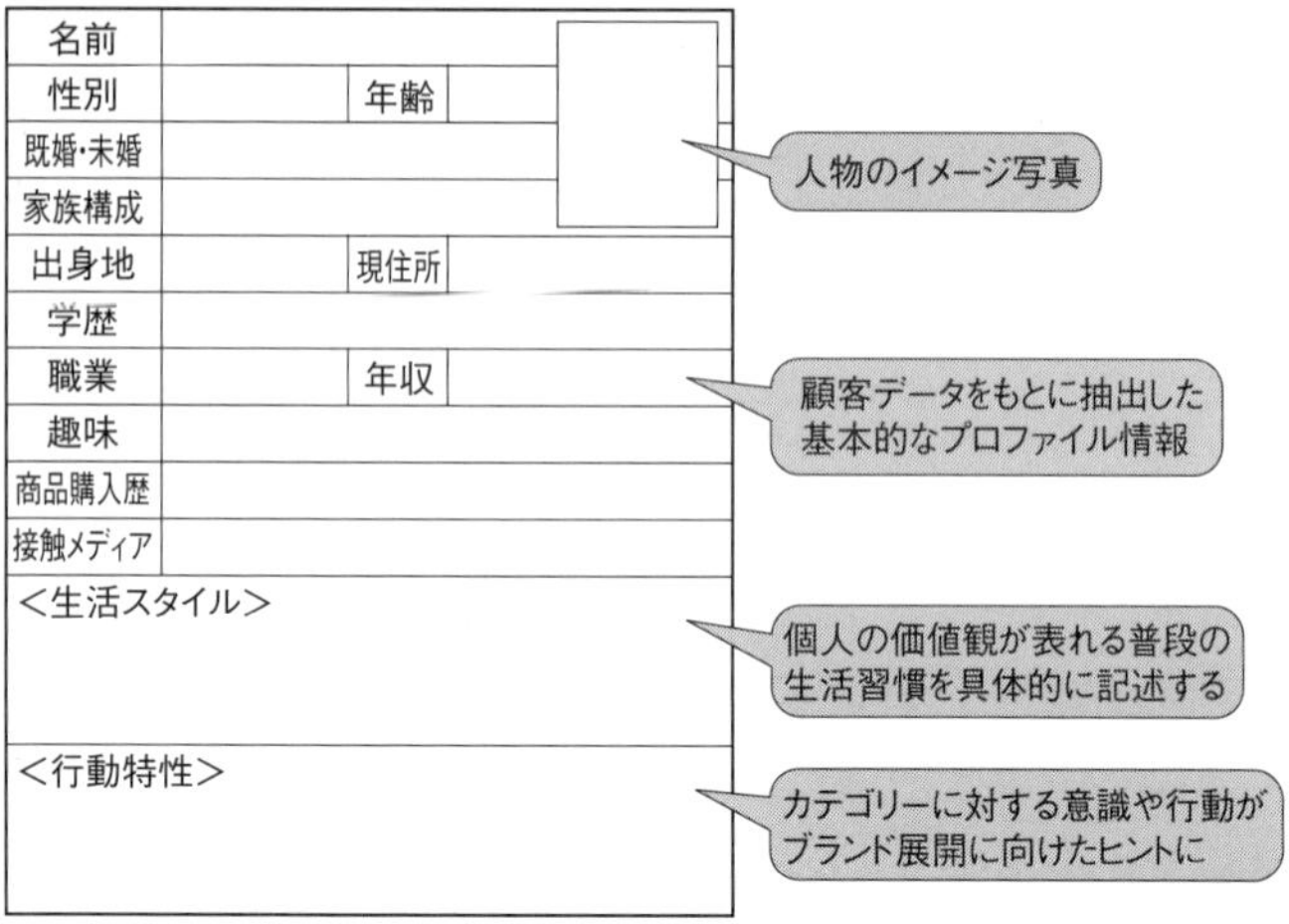

ブランドターゲットの年齢層を低めに設定することは多い。顧客はいつまでも若々しい自分を実感したいために化粧品を購入するのであり、それを現実に引き戻してしまってはブランドの存在価値がなくなってしまうからだ。

ブランドターゲットの情報をA4用紙一枚程度のシートに整理して、象徴となる顧客像をプロファイリングすることで、その顧客の思考や行動が浮かび上がってくる。

これは一般的に〝ペルソナ〟と呼ばれる手法である（**図表14**）。

ターゲットとなる「特定の誰か」を具体的にイメージすることで、製品・サービスやプロモーションを最適化することができる。ペルソナを設定する際に必要な情報として、大きく分けて「顧客属性」と「行動特性」の二つがある。

顧客属性は個人の場合、年齢・性別・住所・職業の基本的なプロフィールと、家族構成・世帯収入・自社での商品購入履歴などの追加項目が挙げられる。さらに架空の人物であっても、名前や顔写真を用意すると具体的なイメージが湧きやすい。

また行動特性としては、次のような情報をできるだけ詳細に設定したい。

①ライフスタイル：生活習慣、仕事や趣味の内容、日常の行動パターン
②価値観：特定カテゴリー（食、住まい、健康、美容など）に対する意識や関心
③性格・性質：金銭感覚、対人関係、交際範囲、ファッションセンス
④接触メディア：テレビ番組、新聞、雑誌、Ｗｅｂサイト、ＳＮＳ

ＢtoＢの場合でも、商談の相手は社長や担当者といった個人であり、基本的な考え方はＢtoＣと変わらない。ただし顧客が企業となるため、業種・取扱商品・年商・従業員数・所在地といった会社プロフィールと併せて、業績状況・人材構成・組織風土・経営課題などの企業特性を押さえる必要が出てくる。もちろん、架空の会社でかまわない。

ペルソナで人物像が具体的かつ明確にイメージできれば、ブランディングのストーリーは格段に描きやすくなるだろう。

食べるスープの専門店として先駆者的なブランドである「スープストックトーキョー」を創業したスマイルズは、ターゲット顧客に「秋野つゆ」という架空の人物をペルソナに設定し、スタートアップに成功したことで有名である。実際、創業一〇年で売上高四二億円、五二店舗という驚異的な成長を遂げた（現在は同ブランドを分社化し、新会社が事業を承継）。

ちなみに、秋野つゆは東京都内に住む三〇代の独身OLで、仕事をバリバリこなし、個性的でこだわりを持った女性だという。さらに、「プールに行ったらいきなりクロールから始める」や「フォアグラよりレバ焼きを頼む」といった、人物像がイメージしやすい行動特性まで設定されている。スープストックトーキョーの店舗展開は、このペルソナに合わせて丸の内などのオフィス街で駅に近い立地であり、機能的でセンスのよい店内と自然素材の豊富なメニューの開発を進めてきた。当然、四〇代以上の男性には入りにくいかもしれないが、多種多様なライバルがひしめく外食業界では、このくらいの割り切りや尖った感性がなければ、ブランドを際立たせることはできない。

また、顧客との対話も重要となる。個別インタビューで生の声を聞くことや、フィールドワークによる行動観察も効果的だ。特に自社への貢献度が高いロイヤルカスタマー（最重要顧客）とのコミュニケーションは不可欠である。二割の要素が全体の八割を生み出しているという「パレートの法則（20：80の法則）」の通り、少数の顧客が売上げや利益の大半を占めるケースは、ブランド力が高い企業ほど多い。会員制度やポイントカードなどの仕かけは、ロイヤルカスタマーを囲い込む手段であると同時に、貴重な情報を得るための手段としても有効活用したい。

自社のブランドを支持してくれる顧客に寄り添い、顧客のことをより深く理解することが重要である。顧客の価値観や行動特性を知って、製品・サービスに対する期待内容や効果的なコミュニケーションの取り方が分かってくれれば、ブランディングの費用対効果は格段に向上するはずだ。

Case7 ファッショナブルなママと赤ちゃんのために

三輪ベビーカーのナンバーワンブランド——GMPインターナショナル

〈ターゲットを明確にした製品ブランド〉

ベビーカーという成熟市場にあって、後発企業ながら成長を遂げてきたのが、三輪ベビーカーのブランド「AIR BUGGY（エアバギー）」のメーカーである、GMPインターナショナルだ。同社の成長過程は、新たなカテゴリーを創造することでブランドを確立してきた歴史であり、製品ブランドの特性を理解する上でもモデル事例といえる。

創業のきっかけは、社長の飯田美恵子氏がハワイで偶然、三輪の大型ベビーカーを押しながらジョギングする男性を見かけたことだった。メーカーであるBABY JOGGER社の輸入販売店としてスタートし、販売台数を順調に伸ばしたものの、日本のユーザーの声を反映させた製品開発の必要性を痛感。二〇〇二年にGMPインターナショナルを立ち上げ、自社開発・製造・販売の取り組みが始まった。

同社は「ファッショナブルなママと赤ちゃんのために」とターゲット層を絞り、製品ブランドの「エアバギー」を開発。三輪のエアタイヤという安定性と操作性に優れた構造特性を進化させ、デザインやカラーリングにも徹底してこだわった。

エアバギーが市場に登場するまでのベビーカー市場は、軽さ（ベビーカーの重量）と機能性（対面式になる、コンパクトに折りたためるなど）をいかに両立するかによって商品の価格が決まっていた。この分類に従えば、同社が展開する製品は重たく、折りたたんでもコンパクトにならない。しかし、エアバギーが提供する価値は「子どもと出かける楽しい時間」であり、ベビーカーを〝モノ〟ではなく、ベビーカーで出かける〝コト〟として提供している。

〈高品質・高性能とファッション性の融合〉

楽しい時間を演出するには、ベビーカーを押す親をストレスから解放する必要がある。エアバギーは物理的側面と心理的側面の両面から、それを可能にした。まず、ベビーカーを押す人のストレスを軽減するため、持ち上げたときの軽さではなく、押して歩く際の軽さを重視。三輪のベアリング付きエアタイヤがそれを可能にした。実際に使ってみると、多少の段差をものともせずにスイスイと進むため、押していて楽しい。クッションによって乗り心地も改善されるため、エアバギーだと赤ちゃんもよく寝るという評判だ。

また、シンプルで洗練されたデザインと、全一二色のカラーバリエーションが生み出す高いファッション性が、ベビーカーで出かける心理的なストレスからも解放する。

もちろん、大切な子どもを乗せるものだけに安全性も重要である。この点でもエアバギーは製品安全協会のＳＧマーク（製品の安全性認証制度）よりも厳しい、ＥＮ１８８８（欧州統一安全規格）をはじめ、ドイツ・技術検査協会のＴÜＶ《テュフ》、米国のＡＳＴＭといった世界的な技術規格を同時に取得している。

〈直営店展開とコミュニティーづくり〉

しかし、いくらコンセプトや製品に独自性や優位性があっても、ブランドがターゲット顧客に認知されなければ売れない。エアバギーは当初から業界の展示会などでは異彩を放っていたが、売上げを急激に伸ばせたわけではなかった。

ベビーカーを初めて購入するユーザーは商品知識が乏しいため、大手量販店で店員の話を参考に購入する。売上げを伸ばすためには量販店との取引が不可欠であったが、当時のベビーカー市場は大手メーカーの寡占状態にあり、売り場はすでにそれらの製品で埋まっていた。そこで同社は、大手量販店に頼った販売方法を取らず、直営店の展開で顧客に直接価値を伝える方法を選択した。

まず反応したのは、子育てにおいても自分のライフスタイルを貫きたい、ハイセンスなユーザーたちである。企業経営者や芸能人などのこだわりの強い顧客層に、エアバギーが認められたのだ。こうした顧客層の影響力は大きく、徐々に認知が広まっていくとともにテレビや雑誌などのメディアにも露出が増えるようになった。また、子育て世代は互いのつながりが強く、同じ悩みを抱えるママ友たちが公園やSNSで独自のコミュニティーを形成している。エアバギーはこうしたコミュニティーで抜群の支持を得ている。

同社は、エアバギーブランドによって、大手メーカーの寡占状態にあったベビーカー市場に新たなトレンドをもたらした。活動的でお洒落なママたちが、ファッショナブルな三輪のベビーカーを押しながら街や公園をさっそうと闊歩する光景は、その結果といえるだろう。

4 ブランドベネフィット――ブランドが顧客に与える便益を設計する

ブランドが提供する三つのベネフィット

ブランドベネフィットとは文字通り、顧客にもたらす便益のことを指す。製品やサービスの品質や機能といったものもあれば、見た目やデザインなどの感覚的なものもある。これらをどう設計して、ターゲット顧客に価値として提供していくかが、ブランディングの重要な要素となる。ブランドベネフィットを構成するのは、主に次の三点である。

①機能的ベネフィット：品質・性能・機能、素材・生産方法・安全性などの物理的な便益
②情緒的ベネフィット：色・形・デザイン、質感・触感、音響、香りなどの感覚的な便益
③体験的ベネフィット：検討、購入、使用、アフターなどの各接点で顧客が体験する便益

通常は、これらの三つを総合的に組み合わせることで、顧客にブランドのベネフィットとして認識されている。

英国の家電メーカーであるダイソンは「吸引力が落ちない、ただ一つの掃除機」というキャッチコピーでサイクロン式掃除機を開発・投入し、他社の数倍という高価格設定にもかかわらず、コモディティー化が進む家電業界において非価格競争で成功した。

ダイソンの掃除機の最大の特長は、紙パックが不要なサイクロン方式を採用している点にある。しかも、高い吸引力は当然ながら、使用しても吸引力が落ちないというメリットにも焦点を当てて訴求している。これが「機能的ベネフィット」である。

また、デザインがスタイリッシュで機能美にあふれており、他のメーカーの製品にはない独特の高級感がある。購入者の所有欲を満たすという点で「情緒的ベネフィット」も高い。

さらに、本体内部がスケルトン構造になっており、たまったごみがひと目で確認できる。これは、使った人が吸引力を体感するという点で「体験的ベネフィット」に相当するものだ。

ダイソンは、多くのエンジニアを擁する技術開発力を背景に、掃除機の他にも「羽のない扇風機」など、革新的な製品を生み出している。このようなブランドバリューの高さが、同社の〝テクノロジーカンパニー〟としてのブランドイメージに貢献している。

機能的ベネフィット――本質的機能を顧客に最適化する

「機能的ベネフィット」とは、提供する製品・サービスの本体で、すなわち、ブランドの中核を成す部分である。まずここだけは絶対に譲れないという、こだわりを明確にすることが必要だ。それはブランドコンセプトを具現化する「本質的機能」でもある。

本質的機能はブランドのコンセプトとターゲットによって異なるため、同じカテゴリー内でも多種多様だ。自動車に例えれば、BMWなら「駆け抜ける喜び」を実現する高い操縦性やドライビングフィールであり、ボルボでは「安全性」を高めるための車体構造や先進的なセーフティー技術がそれにあたるだろう。

霧島酒造の本格焼酎「黒霧島」は、まろやかな口当たりとスッキリした飲みやすさで焼酎が苦手な人や女性にも受け入れられ、業界の勢力図を塗り替えるほどの大ヒットとなった。

黒霧島は「食に合う焼酎」というコンセプトのもと、各地の郷土料理を引き立てる形でプロモーションを展開している。あくまでも主役は料理で焼酎は脇役というわけだ。

もちろん本格焼酎としての原料の質には徹底的なこだわりがある。南九州の広大なイモ畑で栽培したサツマイモ「黄金千貫《こがねせんがん》」と、霧島酒造でつくる全銘柄の品質を支える「霧島裂罅水《きりしまれっかすい》」が使われている。

黒霧島の本質的機能は、黒麹仕込みの焼酎の味覚の変化を機能面から分析し、緻密に設計されたテイストにある。それまでの本格焼酎といえばイモ特有の風味が強く、女性をはじめ苦手な人も多かった。晩酌で中年男性に飲まれるケースが主であったが、黒霧島はワインのように食事とともに楽しめるようアレンジされている。

そして、当時はまだ珍しかった黒い商品ラベルと「トロッとキリッと」のキャッチフレーズが相まって、現在のブランドイメージを確立していったのである。まさに常識にとらわれない柔軟な発想で、機能的ベネフィットを最適化したブランディングのモデルだ。

メーカー以外でも考え方は変わらない。例えば、快適な眠りを提供するコンセプトで展開するビジネスホテルチェーンの場合、ベッドや枕などの寝具類は品質にこだわり、眠るための機能に注力する一方、部屋の広さや内装・設備面は大胆に割り切る。それでも、快適な睡眠を最優先に考えるビジネスマンには、真っ先に選ばれるブランドになるだろう。

次に、品質や仕様・価格などの基本スペックを決めていく。これは、単に高品質や高性能といったスペックを追求することではなく、「最適化」という表現のほうが近いかもしれない。

機能的ベネフィットを設計する際は、ブランドの特長をハッキリと打ち出すことが肝心で、あれもこれも欲張って平均化するとつまらないものになってしまう。自社の「強み」となる機能を認識し、コンセプト上で絶対に譲れない部分は徹底的にこだわり、不要な部分は思い切ってカットする。こうしてメリハリをつけることはコストの適正化にもつながる。

スターバックスコーヒーも「3rd Place」のコンセプトのもと、顧客に大切な時間を提供するために、機能的ベネフィットの最適化を図っている。

例えば、くつろぎを演出するコーヒーは高品質な豆を厳選し、〝バリスタ〟と呼ばれる専門スタッフによって提供される。空間づくりのために店舗のデザインやインテリアに対するこだわりは強く、相当のコストをかけている。そのため、出店時の初期投資が難しいフランチャイズ方式は取っていない。一方、店舗には厨房を置かず、サイドメニューはあっても店内で調理はしない。バリスタはカウンターでの接客以外にサービスをしない。食器の音が耳ざわりになるため、コーヒーカップにソーサー（皿）もない。全てのベネフィットがコンセプトとターゲットに合わせて設計されているのだ。

また、機能的ベネフィットは顧客の理性に訴える部分であるため、実験データによるエビデンスの開示や、専門家による「お墨付き」、大学・研究機関などによる「権威付け」も有効になる。健康・美容関連をはじめ、顧客の悩みや問題を解決するような製品・サービスの場合には、特にその効果が高い。

情緒的ベネフィット――顧客の情緒を刺激して揺さぶる

「情緒的ベネフィット」とは、本体の機能ではなく感覚的な部分で付加する付帯的な便益である。その代表的なものがデザインだ。機能による差別化が難しい時代で、デザインの重要性がいわれて久しい。人間は基本的に情緒的な生き物であり、どんなに機能がよくても、デザイン

図表15｜日本的な価値観と美意識の例

価値観	・歴史と文化、自然との調和 ・和、利他の心、おもてなし ・禅・悟、間、もったいない ・こだわり、技術礼賛、子宝思想
美意識	・引き算の美学、足るを知る ・侘び・寂び、簡素、枯山水 ・無常、もののあはれ、渋い ・粋、雅、風流、かわいい

が自分の好みに合わなければ拒絶する。

ファッション業界ではなくても、住宅や自動車や家電製品のように価格が高く、嗜好《しこう》性が強いものほどデザインの与える影響は大きい。最近は機能よりデザインを重視し、インテリアの一部として選ばれる「デザイン家電」というカテゴリーも登場した。製品自体が消費者の自己表現の手段となっており、ライフスタイルに合わせた個性的なデザインが選ばれている。大手家電メーカーはマスマーケットを対象とするため、デザイン面ではあえて冒険をしない。そこに中堅・中小企業の勝機が見いだせるはずだ。

また、最近は世界的なトレンドとして、「日本的な価値観や美意識」が注目されつつある（**図表15**）。

例えば、スティーブ・ジョブズが「禅」に傾倒していたことは有名で、全てのアップル製品に共通するシンプルで美しいデザインの源流になっている。マツダの車体デザインにも「侘び・寂び」を感じさせるような独特の美しさがあり、日本車では珍しく海外でデザインの評価が高い。こうした感性はもっと積極的に取り入れていくべきだろう。

優れたデザインはモノに〝意味〟を与えてくれる。最近はデザイン以外にも、音や香り、手触りなどの感覚に訴える手法が増えてきた。今後は人間の五感の全てを駆使して顧客の情緒面を刺激するアプローチが主流になるだろう。

ただし、情緒的ベネフィットを提供する側には、ある程度のセンスが求められる。社外のデザイナーを起用するのもいいが、専門家だからといって任せっきりは禁物だ。自らの感性を判断の拠り所にするためにも、特に開発・ブランディングに携わる担当者はセンスを磨いておきたい。デザインの専門講座などで基礎知識を学ぶ方法もあれば、日ごろから優れた絵画や芸術作品をはじめ、一流のモノやサービスに触れる機会も必要になる。

ブランドは極めて個人的な感覚による部分が大きく、理性だけで選ばれることはない。もし日本人のＤＮＡに刻まれた美意識を最大限に発揮できれば、顧客の感性に訴えることはできる。万人受けを狙うのではなく、自分のこだわりや好みを信じて貫き通すこと。そこに心を揺さぶる「何か」があれば、必ず共鳴する顧客が現れるはずだ。

体験的ベネフィット――顧客との接点でサプライズを与える

「体験的ベネフィット」とは、ブランドを探す、購入する、使用する、共有するといったプロセスで、顧客とのタッチポイント（接点）における経験や体験を便益に替えていくものだ。顧客の購買心理と行動プロセスの変化を押さえ、それぞれのタッチポイントにおいて、ブランドにふさわしい体験ができるような仕かけを設計していくことが必要になる。

アップルの携帯型デジタル音楽プレーヤー「ｉＰｏｄ」やスマートフォンの「ｉＰｈｏｎｅ」では、製品本体にインストールした同社の音楽再生・管理ソフト「ｉＴｕｎｓｅ」を通じて、好きな楽曲をダウンロードできることが魅力となっている。また、直営店の「アップルストア」は同社の世界観を表現した店舗設計で、ユーザーとの交流の場を提供している。性能やデザイン面で優れた機器は他にもあるが、こうした体験はアップルにしかない。購入から使用に至るまでの全ての体験的ベネフィットがアップルというブランドの競争力にもなっている。

体験的ベネフィットを設計する上で欠かせないのは、ターゲット顧客とのタッチポイントにおける顧客インサイト（顧客自身も気付いていない、潜在的なニーズ）を掘り下げていくことだ。これには「カスタマージャーニー」と呼ばれる手法が効果的である。

私たちが製品やサービスのブランドを選ぶ際には、「探す⇒買う⇒使う⇒評価する」といった

図表16 カスタマージャーニーで体験的ベネフィットを高める

※自動車メーカーの事例

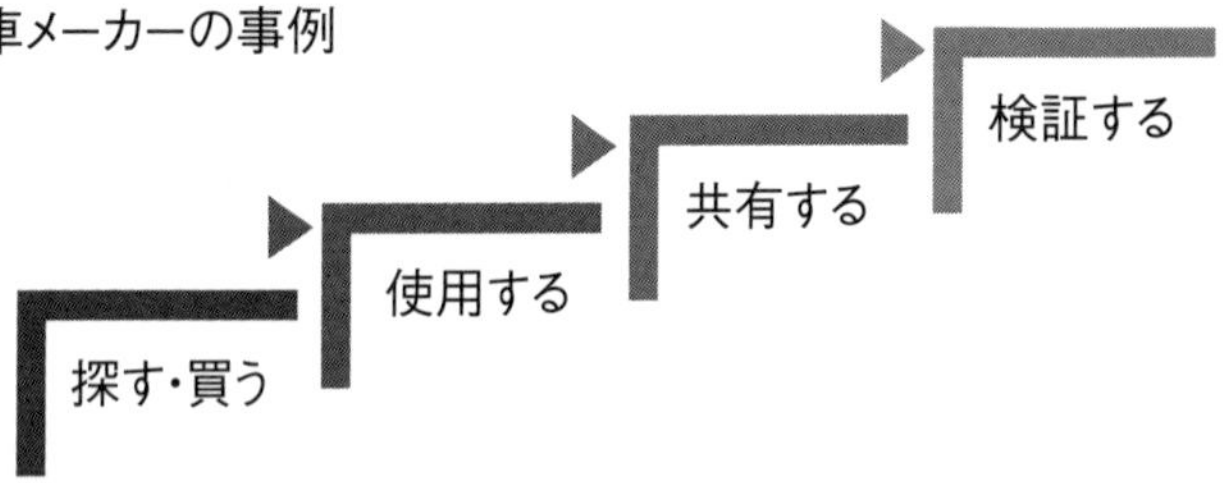

	探す・買う	使用する	共有する	検証する
顧客インサイト	・周囲に褒められたい ・気軽に試したい ・アドバイスが欲しい	・気持ちよく走りたい ・快適に過ごしたい ・道案内が欲しい	・他人に自慢したい ・仲間を増やしたい ・非日常を楽しみたい	・手を汚したくない ・すぐに修理したい ・優越感を味わいたい
体験価値	・顧客以外に発信 ・単独試乗もOK ・コンシェルジュ配置	・運転フィール向上 ・高級、快適設備 ・専用オペレーター	・Webサイト、SNS ・ツーリングイベント ・レース観戦ツアーなど	・無料洗車サービス ・整備ピットの強化 ・店内のおもてなし

プロセスがある。例えばビデオカメラの場合、価格比較サイトで探して、店舗で買って、子どもの運動会やレジャーで使い、SNSに動画をアップする、というカスタマージャーニーが想定できる。そこで、小型で高性能、ズームや手ぶれ防止の機能価値に加え、スマートフォンへの自動転送やクラウドでの動画管理サービスなどが体験的便益になるだろう。

カスタマージャーニーをもとに顧客インサイトを分析して、タッチポイントを改善する方法を、自動車メーカーの事例で示したのが**図表16**である。

ベンツやBMWといった高級輸入車のブランドでも、自動車の性能やデザインだけでは買い替え時に他のメーカーに乗り換える、いわゆる「ブランドスイッチ」が起きてしまう。ショールームへの来店から営業担当者の対応、試乗や購入時の印象、その後のアフターサービスに至るまでの間、いかに良質な体験を与えられるかでユーザーが選ぶブランドは決まる。

顧客が自らの経験のなかで「まあ、こんなものだろう」と割り切っている、〝期待値が低い〟タッチポイントを見つけて改善すれば、「ここまでやってくれるのか」という驚きに変わる。こうした〝サプライズ〟の積み重ねが、顧客の〝熱狂〟を生み出すもとになるだろう。

もちろん逆もある。タッチポイント上で顧客をがっかりさせる出来事があれば、その瞬間にブランドの信用は失墜するだろう。顧客がブランドに求める期待やイメージを自覚した上で、それにどう応えるかを具現化しなければならない。

体験的ベネフィットは顧客の心理や行動に直接与える影響が強く、ブランドスイッチを防止する点で効果がある。そして最終的にロイヤルカスタマーを育て、リピートや口コミ・紹介といった形で、顧客が顧客を呼ぶ〝善循環サイクル〟につなげたい。

ブランドベネフィットは「機能」「情緒」「体験」の三つのベネフィットをもとに設計していくが、大事なのはそれらの組み合わせである。情緒面や体験面だけを追求しても、本質的機能の充実がなければ顧客の支持は期待できない。ターゲットに満足を与えることができるのは、ブランドコンセプトを具現化した、三つのベネフィットのトータルバランスである。

Case 8

日本でこそ創り得るモノとコトを世界へ

国産Tシャツのナンバーワンブランド
——久米繊維工業

〈創業八〇年の老舗企業がつくる純国産のTシャツ〉

久米繊維工業は東京都墨田区に本社を置く、国産Tシャツの専業メーカーである。創業は一九三五年、日本でまだ〝Tシャツ〟という言葉すら広く知られていなかった一九五〇年代半ばに、同社が開発した「色丸首」は日本製Tシャツの先駆けとして誕生した。

日本製の上質な生地と熟練の職人による縫製技術、日本人の体形にフィットするサイズとシルエット、独創的なデザインなど、全てにこだわった同社の製品は、今も老若男女を問わず、Tシャツファンを魅了し続けている。

日本の市場にあるTシャツの大半が中国をはじめとする海外で生産を行うなか、紡績や染色などの工程を国内の協力工場で手がけ、裁断・縫製やプリント・仕上げは自社で行っている。まさに純国産のTシャツブランドだ。

OEM生産の他にオリジナルブランドである「久米繊維謹製」も立ち上げ、自社通販サイトの「t-galaxy.com」で販売している。地元の老舗企業やスポーツチーム、大手自動車メーカーなど外部とのコラボレーションに力を入れている点も特色である。

〈機能的ベネフィット——伝統の職人技が生み出す〉

最近は大手アパレルチェーンで一〇〇〇円払えば数着購入できるTシャツだが、同社の製品は一着三〇〇〇円から五〇〇〇円が中心価格帯である。

たとえ全国的に有名になって各地に販売チャネルを展開しても、決して高くは売れない。久米繊維工業のブランドを支えるのは希少性とストーリー、品質やデザインへの徹底したこだわりである。例えば、同社には一枚一万円の高級Tシャツがある。専業メーカーとしての誇りにかけて、他社がまねのできない「神話的商品」をつくるために開発された。ストレッチのきいたしなやかな生地と抜群のフィット感で、これなら値段が高くても当然だと思わせるだけの高いクオリティーがあり、一万円を超える価格でも「リーズナブル」だという。当初は赤字を覚悟したが、予想外に売れ、同時に知名度が飛躍的に伸びた。売上比率は決して高くないが、ブランドイメージの向上に貢献している。

また、久米繊維工業では「Tシャツ・ギルド」という考え方から、縫製工場のさまざまな工程を細分化し、各工程をスペシャリスト集団にすることで縫製技術と製品の完成度、品質の安定感を向上させた。素材選びから、カッティング、縫製、仕上げまで、熟練した日本の職人ならではの、きめ細かな心配りを各部に施している。

国産の生地は肌触りに優れるだけでなく耐久性も兼ね備えており、縫製方法によってほつれや糸切れの可能性も低減した。熟練と経験を重ねた技術者が互いに連携・協力することで、永く愛用してもらえるTシャツづくりを目指している。

〈情緒的ベネフィット――日本の文化と心を伝える〉

同社は近年、日本の文化に根差し始めたTシャツを使用したプロジェクトやイベントに参加協力するなど、さまざまなアーティストとのコラボレーションを手がけている。自社の店舗空間をクリエーターのために公開することで、日々新しいデザインのTシャツが生まれる仕組みになっている。全てを自社で賄わなくても、外部と連携すればいいという方針だ。

例えば、海外で日本の漫画がクールと評されていることに着目し、有名漫画家とのコラボレーションを実施した。海外の人を魅了する日本文化の可能性をTシャツが引き出している。パリの百貨店に日本の漫画をデザインしたTシャツが並ぶ姿は壮観だ。

また、地元の東京都墨田区に完成（二〇一六年）した「すみだ北斎美術館」のプランナーやサポーターとして参画するなど、日本文化の担い手としての同社の使命感もうかがえる。

外部の若いデザイナーやクリエーターから選ばれる感性豊かなブランドであることが、同社の情緒的ベネフィットを高めているに違いない。

〈体験的ベネフィット――全社員が顧客と直接つながる〉

久米繊維工業は顧客とのつながりを大事にする。特にSNSを駆使したコミュニケーションは活発だ。全社員が実名でSNSに投稿しており、写真や動画を示せば瞬時にシェアされ、そこにコメントが集まることでさらに広がっていく。地域のイベント参加なども含めて、社員一人一人が会社の代表として顧客と直接つながるため、広告部門は不要だという。

また、最近は環境問題にも積極的に取り組み、ISO14001認証を取得して環境への対応を進める。原料にはオーガニックコットンを含めた天然素材を使用し、省エネやグリーン電力の使用、廃棄物の削減や再利用などを進めながら、ブランドの社会価値も追求している。

同社の会長、久米信行氏は、さまざまなメッセージやグラフィックをあしらえるTシャツをメディア（媒体）として、日本のモノとコトを世界へ、そして明日へつなげていくことが夢だと語る。残していきたい文化、新しく生まれる文化、世界に誇れる日本の魅力を、職人と一つになってつないでいく。創業八〇年を超えた久米繊維工業のブランドの新たな歴史がすでに始まっている。

図表18　マルチブランド方式

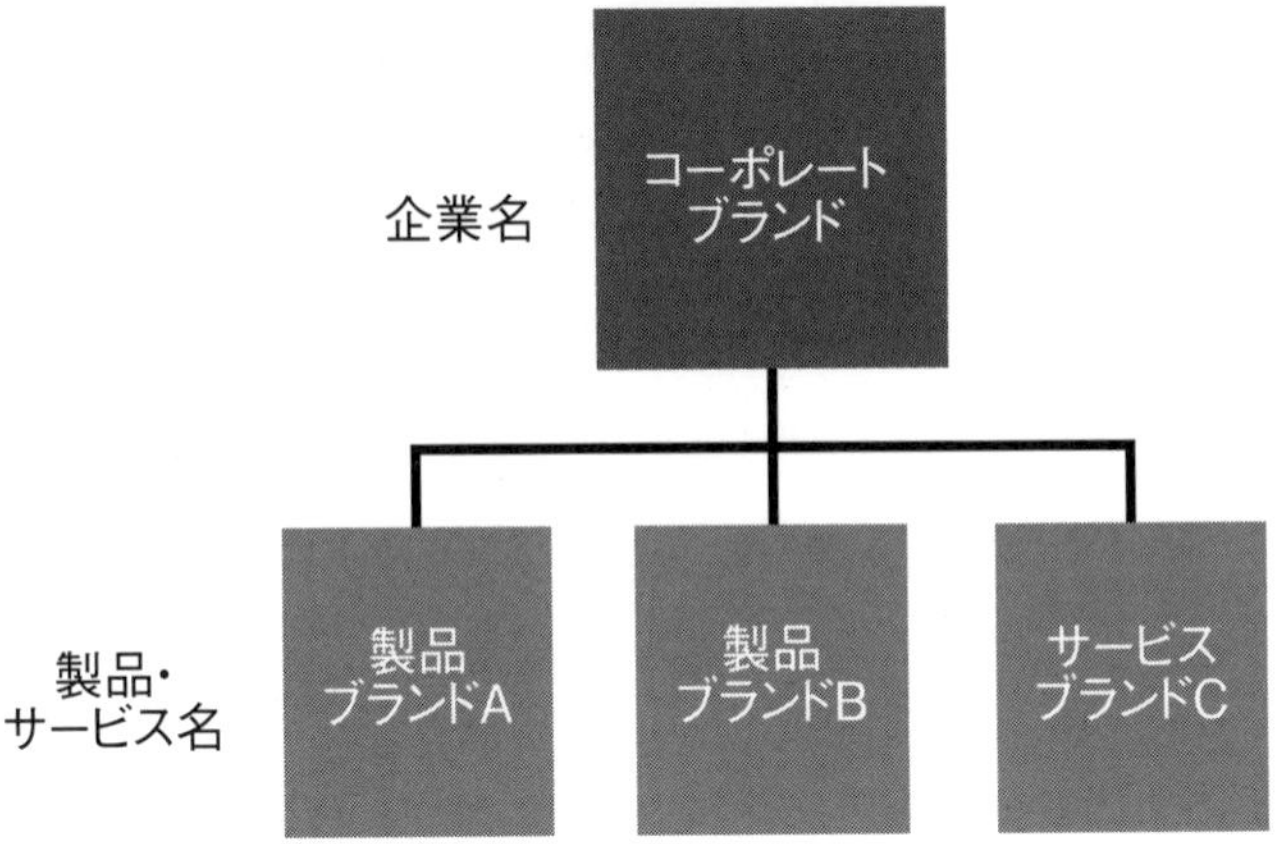

②マルチブランド方式

「マルチブランド」とは、複数の製品・サービスブランドをコーポレートブランドと切り分けて、それぞれの個性を際立たせていく方法である（図表18）。

代表的な例に、P&Gやネスレなどがある。P&Gには「パンパース」「ファブリーズ」「アリエール」など多数の製品ブランドがあり、ネスレにも「ネスカフェ」「キットカット」「ペリエ」などの強い製品ブランドがある。一方、コーポレートブランドはあまり表に出てこない。

マルチブランドは、企業ではなく製品やサービスを軸としており、ターゲット顧客層に合わせてブランドを使い分けることで、特長を明確に打ち出せるメリットがある。ただし、各々にブランドマネジャーを置いて戦略構築やマネジ

図表19 サブブランド方式

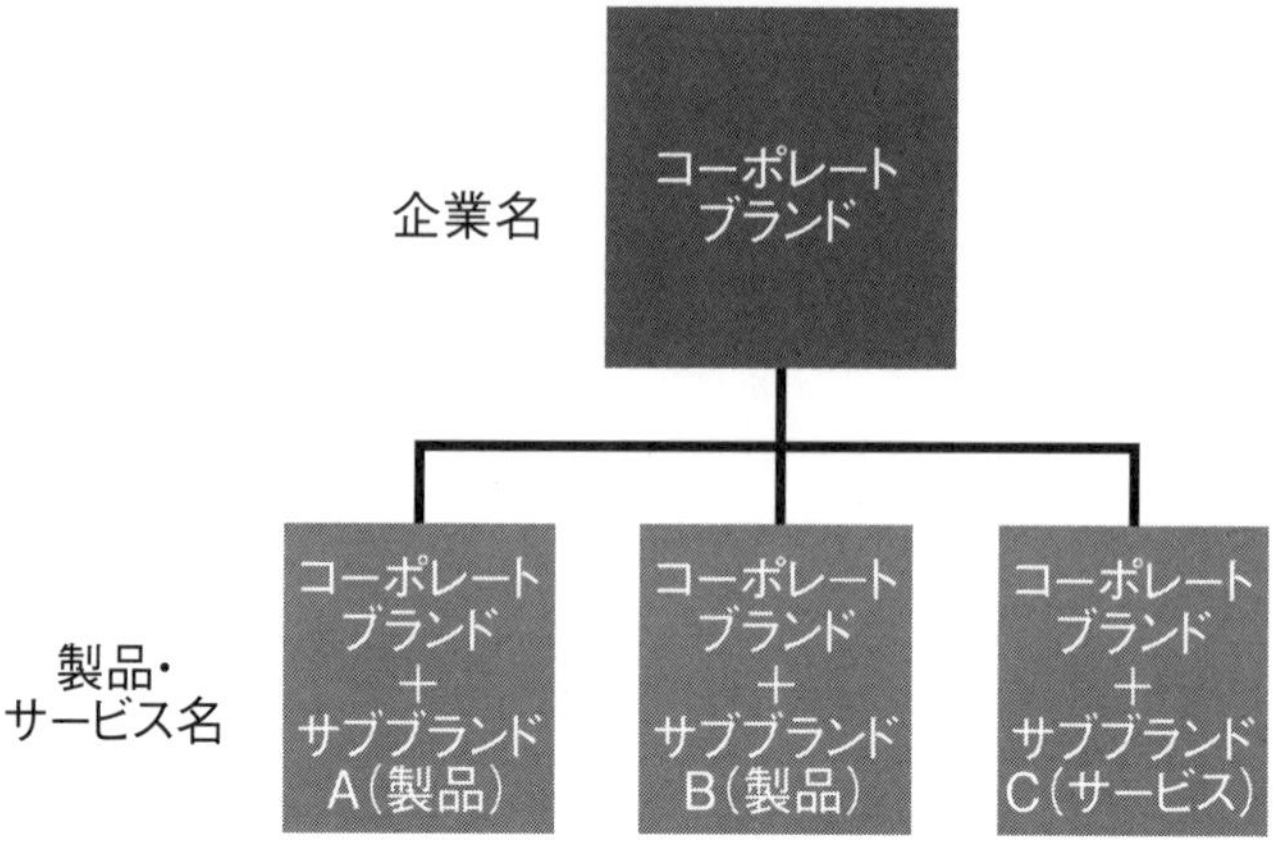

メントも別になるため、ブランディングの効率は低下する。

③サブブランド方式

「サブブランド」とは、①・②二つの方式の中間的な体系で、マスターブランドの下に、個別の製品・サービスブランドを組み合わせる方法である（**図表19**）。

代表的な例に、アップルやサントリーがある。アップルにはモバイル端末である「iPhone」や「iPod」をはじめ、パソコンの「Macintosh」「Macbook」、OSには「iOS」というサブブランドがある。サントリーにもビールの「MALT'S」、缶コーヒーの「BOSS」、お茶の「伊右衛門」といったサブブランドがあり、それぞれマスターブランドと並べて表記される。マスターブランド（コーポレートブランド）による安心感と、製品・サービスブランドの個性を両立できるが、管理が複雑化してブランドイメージが分散し、一貫性が保てなくなる可能性もある。

こうした考え方をもとに、自社のブランド体系を整理することが、顧客に与えるブランドイメージをコントロールしていく前提条件となる。いずれの方式を採るかは、目指すべきブランドの方向性や企業規模・事業戦略によっても変わってくるだろう。

ブランド体系内の製品・サービスを整理する

整理とは、無駄なことはやめ、不要なものは処分することである。一見、単純なようにも思えるが、実はそれほど簡単ではない。多角化で広がった事業領域、価格帯別の製品ラインアップ、立ち上がらない新規事業、惰性で続いている取引関係など、やめるべきものは意外と多い。要はそれらを棚卸しして決断することである。

ブランドイメージを顧客に強く印象付けるためには、全てに一貫性がなくてはならない。逆の見方をすれば、ブランドの一貫性を阻害するものは捨てるべきである。捨てることで初めて、残ったものが際立ってくる。あれもこれもと欲張りすぎると、結局は漠然としたイメージになってしまうからだ。

とはいっても、製品・サービスは放っておくと次第に増えてしまう。そこで、事業分野や取扱製品・サービスメニューなどに一定の枠を設けておくことも必要だろう。「○○分野には進出しない」「△△は扱わない」といった社内ルールを設定してもいい。

また、ブランド体系の枠組みのなかで、新製品や新サービスの開発は欠かせない。現状維持は衰退と同じだ。例えば、ビール業界でアサヒビールの「スーパードライ」やキリンビールの「一番搾り」が出なかったら、両社はブランドの陳腐化を免れなかっただろう。新しいことへの挑戦があって初めて、ブランドは新鮮さを保つことができる。

ブランドイメージに統一感を持たせる

最終的にはブランドイメージが分散しないように、ビジュアル面からオペレーションを含めて統一感を持たせることが必要になる。これはいうなれば、こだわりと割り切りの後で残ったものの形を整えていく作業だ。

製品の外観やパッケージデザインをそろえ、社名ロゴやタグライン、Ｗｅｂサイトなど目に触れるものの全てを統一していく。整理された製品や事業も、バラバラな感じにならないよう、ブランドとしての一体感を持たせることが重要である。

また、ブランドイメージの基本色（ブランドカラー）と、使わない色も決めておきたい。色

図表20　ブランドカラーで連想されるイメージ

赤	橙	黄	緑
・情熱 ・興奮 ・気力	・新鮮 ・創造 ・冒険	・陽気 ・幸福 ・快活	・誠実 ・安心 ・健康
青	**紫**	**茶**	**黒**
・信頼 ・知性 ・爽快	・高貴 ・神秘 ・荘厳	・自然 ・堅実 ・協調	・洗練 ・都会 ・高級

によって与えるイメージが異なるが、統一された色はブランドの認知力を高める効果が期待できる（図表20）。

無印良品は、衣食住トータルでの生活提案を行い、食品から住宅まで扱う膨大な品ぞろえにもかかわらず、雑多な印象はない。素材選びから生産工程、店舗設計の流れに一貫性があり、シンプルで美しい商品デザインのイメージも共通している。また、店舗オペレーションは「ＭＵＪＩＧＲＡＭ（ムジグラム）」と呼ばれる二〇〇〇ページに及ぶマニュアルで標準化されており、業務品質にバラツキはない。無印良品独自の余計なものを削ぎ落とす「引き算の美学」で、ブランド全体に統一感を与えているのだ。実際に、同社が手がける注文住宅「無印良品の家」のモデルハウスに来場する人の多くが、こうした世界観に共鳴する顧客である。

マツダが復活した背景にもキュレーションがある。最大の鍵は、グローバル戦略を展開する上で不可欠な主要八車種だけに絞り込み、全車種が同じラインでつくれるような「コモン・アーキテクチャー」といわれる混流生産方式を導入したことだ。

また、世界シェアに占める二％の購入層にターゲットを絞り、世界の熱狂的なファンのなかから五人を選んで、その意見を新型車開発に取り入れたという。さらに、「魂動（こどう・野生動物の持つ生命感や一瞬の動きの美しさを車に宿らせようという考え方）」コンセプトによるデザイン主導型の開発で、全車種に対し同じイメージを持たせることを実現している。

国内メーカーでは異例ともいえる大胆な割り切りによって、マツダのブランド価値は大きく向上した。

キュレーションされたブランドは、総じて不要なものが少なく、全体の統一感が増して、顧客に強いブランドイメージを与えることができる。ただ、実際に社内でキュレーションを行う場合には、「捨てる」とか「やめる」といった作業は思うように進まない可能性が高い。今あるものには、全て当事者がいるからだ。何か一つ製品をやめる場合でも、該当製品の関係者による抵抗を覚悟しなくてはならない。そのため、トップのリーダーシップと決断力のもと、コンセプトを旗印に全社的視点で取り組むことが不可欠になる。

整理と統一なくして強いブランドはできない。新しいことを付加するのはいいが、散らかしすぎると「何でも屋」になってしまう。捨てる勇気があって初めて、ナンバーワンブランドが成り立つことを肝に銘じておきたい。

Case9 自由闊達な社風がマルチブランドを生み出す
大川家具のナンバーワンブランド――関家具

〈マルチブランドが成長を支える〉

関家具は、伝統的な家具産地の福岡県大川市で一九六八年に創業した、家具の総合商社だ。デフレ・成熟市場の家具業界にあって創業以来の黒字経営と増収を続けており、売上高は一六〇億円を超える。同社の特徴は、積極的なマルチブランド展開にある。関家具というコーポレートブランドのもと、上質な無垢材を使った一枚板テーブルの「アトリエ木馬」や、自社の若手デザイナープロジェクトである「CRUSH CRASH PROJECT」、女性社員による開発プロジェクト「nora.」といった、個性豊かな一八のオリジナルブランドを次々と誕生させた。いずれも二〇代の社員を中心としたチームの若々しい魅力にあふれており、現在は全国に三五店舗の直営店を展開している。

同社の成功の要因は、社員の能力を存分に引き出し、個性を発揮できる環境づくりにあり、そこで育った人材が原動力だ。ホームページのトップには、働く社員たちの笑顔が掲載されている。実際、企業理念である「ＳＥＫＩイズム」「品質方針」「我が信条」「関家具経営の心得一三か条」により、全社員が共通の価値観を保有することを徹底している。

〈ブランドを生み出す人材育成〉

①専門性を追求する育成方針

同社では、ライフスタイルが多様化する時代に合わせて、個々の社員がさまざまな専門分野の〝ファニチャースペシャリスト〟として活躍している。ベッドもソファも分かる人材ではなく、特定分野の専門性を深めることで、個性のある専門家集団ができる。社員の専門性を徹底的に極めて〝ブランド人材〟を育てるという方針だ。また、採用段階で社員が面接に同席し、「一緒に働きたい」と思う人を選ぶ。現場が責任を持って育てることで、九八％（入社三年）という高い定着率を実現している。

②社員への権限委譲の実現

同社の関文彦社長は社員がやりたいことを思い切って任せる。「口は出さないが、責任は全て自分が取る」という姿勢のもと、社員のアイデアについては基本的に「ノー」とはいわない。「新規出店」「海外進出」についても社員からの発案で実行している。また、創業から日次決算を取り入れ、一日に誰がどれだけ粗利益を稼いだかを全社員にオープン化。社員に「やりたいことをやれ」という一方で、実態を細かく把握しているのだ。日次決算による仕組みのなかで計数感覚の高い社員が育ち、緻密な計算のもとに業務に取り組んでいることが、思い切った権限委譲の背景にある。

③組織のダイバーシティーと動機付け

社員の平均年齢は二九歳と若いが、六〇歳を超えた嘱託社員も四〇人おり、最高齢は八四歳だという。小売店の七六歳のトップ営業や新卒女性社員が新店舗の店長として活躍するなど、年齢・性別問わず、さまざまな人材が活躍している。「年功序列の廃止」「独自の再雇用制度」「在宅勤務」「労働時間の裁量（嘱託社員）」「配置転換」「チャンスを平等に与える」など、組織のダイバーシティーを具現化した。

そして、SEKIイズムの「楽しくなければ仕事ではない」という企業理念をトップ自らが発信し、社員が仕事を楽しめるように尽力している。会社説明会、内定式、入社式と入社する前からトップが思いを伝え、グループウエアへのコメントや、全社員が集まる年四回の展示会といったあらゆる場面を通じて発信している。

こうした一連の活動が〝関家具流ブランディング〟として機能しているのだ。

〈自由闊達な社風とコミュニケーション〉

同社は、ブランディングを通じて人材育成と組織活性化を実現している。そのポイントは次の通りである。

①自由闊達な社風づくり

関氏は「若手に思い切って仕事を任せる」「社長は、口は出さず責任を取る」といったスタンスで権限委譲をすることで、年齢・性別を問わず全社員が自由に議論し、チャレンジする風土を醸成した。また本社オフィスはいわゆる〝大部屋方式〟で、壁や仕切りのない広いワンフロアとなっている。そこでは社員同士が自由に議論しており、活気にあふれたムードが漂う。結果として、斬新なアイデアやイノベーションが生み出され、前向きにチャレンジする〝ブランド人材〟が育まれている。

②トップと一対一でのコミュニケーション

自由闊達な社風づくりのためには、「採用・教育・育成」「権限委譲・人事評価」など、さまざまな取り組みが必要となる。また、それを企業文化として定着させ、成果につなげるためにはトップが率先して社員一人一人とのコミュニケーションを取るのが効果的である。

関氏は、社員全員の名前を覚えているという。新入社員については、顔写真付きで全員のプロフィール（氏名、出身校）が入った資料を手帳に挟んでいる。

現場で気兼ねなく社長と対話する社員の姿は印象的だ。一対一でのコミュニケーションが、トップの理念や考え方を組織の末端まで浸透させる秘訣といえるだろう。

若い社員から数々のマルチブランドを生み出せる同社の強さは、こうした組織の既成概念にとらわれない自由闊達な社風づくりにある。

6 ブランドマネジメント——ブランドを維持管理する仕組みをつくる

ブランドは維持することのほうが難しい

長い時間をかけて築き上げたナンバーワンブランドでも、一度大きな不祥事が起これば瞬時にその地位は失墜する。事件や事故のように重大なものでなくても、度重なるクレームや顧客の小さな不満の積み重ねによって、徐々にイメージダウンしていく場合もあるだろう。ブランドを確立してもそれで終わりではなく、実は維持していくことのほうが難しいのだ。

顧客に提供している価値は通常、購買、開発、生産、物流、販売といったさまざまなバリューチェーンとその関係者によって成立している。それら全てを、ブランドという旗印のもとにコントロールしていくのは容易ではない。そこには、守るべき規則やルールはもちろん、マネジメントの仕組みやシステムが必要になる。

「ブランドマネジメント」とは、ブランドを維持管理し、発展させていくための仕組みやルールを社内システムとして構築することである。そのためのポイントは、「品質」「価格」「意匠」の三つの切り口で説明できる。

マネジメントルールを導入する

「品質」では、顧客からの信頼を損なわないために、製品やサービスの品質に関する独自のマネジメントルールを導入する。例えば、品質基準や検査方法などを詳細に記したマニュアルを作成・共有し、厳格に運用していく。この場合、品質に関しては業界水準ではなく、自社で設定した高い基準を示すことが、ブランドとしての自信の表れにもなる。

保証制度やアフターサービスもその一つだ。アウトドア用品メーカーのスノーピークは、自社ブランドの品質に責任を持つのは当然であるとの考えから、製品に保証書を付けていない。

もし欠陥があれば、何年経過しても無償修理や交換を約束している。これは事実上の「永久保証」だ。質の高い製品を使い捨てせず、長く愛用してもらいたいという企業姿勢の表れでもある。品質面で妥協しないブランドは、決して顧客を裏切らない。

「価格」については、適正な付加価値がとれる金額を維持したい。単価は一定の価格帯に絞り、必要以上に安く売らない前提で売り方を見直す。また、プレミアムブランドは決して廉価品を出さない。プライスゾーンの下限を広げると中心価格も下がっていき、やがてブランドイメージが陳腐化してしまうからだ。経営的に必要であれば、別ブランドを立ち上げることで対応する方法もある。

また、営業部門が売上げを上げたいために勝手な値引きや安売りをしてしまうことも多い。顧客離れが起きる原因は価格でないにもかかわらず、業績が落ちるとそこに逃げ道をつくってしまう。ブランドの崩壊は価格から始まる。値決めに関するルールを設定し、順守したい。

「意匠」とは、デザインやビジュアル面での統一感である。ブランドのシンボルマークやキャラクター・社名ロゴの規格と使用制限、名刺や封筒などの印刷物、およびＷｅｂ・店舗・販促物のデザインに関する規定、ブランドカラーや商品のネーミングに関するルールなど、その適用範囲は広い。これらは放っておくと現場で勝手にアレンジされてバラバラになるため、詳細なガイドラインを作成しておきたい。

図表21　ブランドマネジメントを推進する組織体制

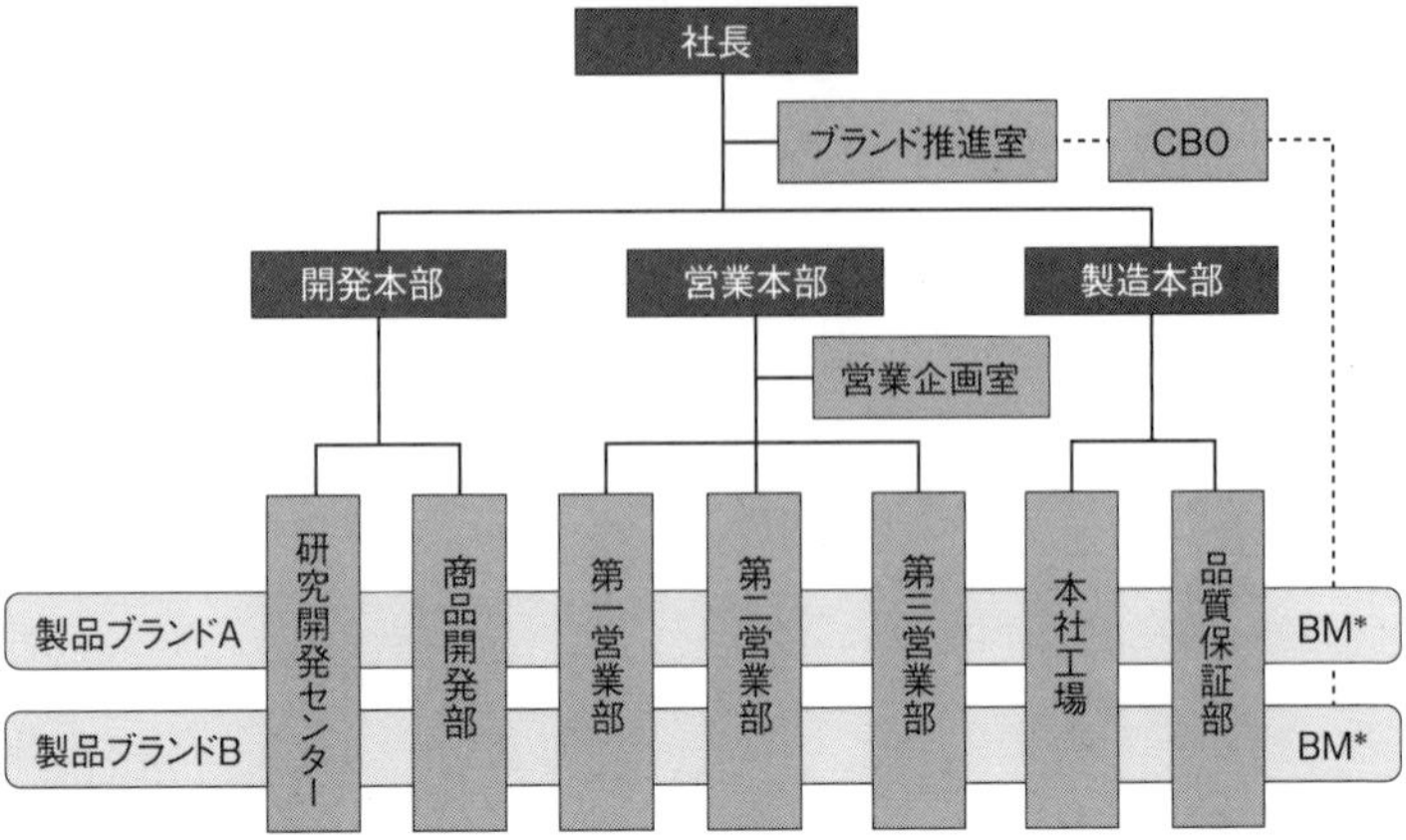

*BM=ブランドマネジャー

海外のプレミアムブランド企業には、少なからず意匠に関する分厚いマニュアルが存在する。それがブランドにとってのビジュアルイメージの重要性を物語っている。

これら三つの切り口をもとに、マニュアルやガイドラインなどの明文化を進め、ブランドマネジメントのシステムを構築することが大事だ。

ブランドマネジャーとCBOを任命する

システムを運用していくためには、要となる組織が必要になる。ブランド推進室などの専任部署と担当者を置いて進めることが理想だが、実際には広報や経営企画などの部署で兼務する場合も多い。その上で、製品・サービスブランドごとに「ブランドマネジャー」を置き、仕入れ・製造・販売といった流通過程を一気通貫で管理する役割を任せる（図表21）。

ブランドマネジャーを中心とした社内のコミュニケーションパイプとして、製品・サービスのブランド別にミーティングを開催する。参加メンバーは実務担当を組織横断型で編成し、各々のブランドにおける問題点や改善策を検討していく。必要に応じて仕入れ先、協力会社、物流業者、販売代理店といった、バリューチェーン上の関係者を巻き込むこともある。

社外も含めて広い意味で「チーム」と考えれば違和感はない。ブランド価値の向上という共通の目的に向けてチームが動き始めれば、ブランドマネジメントは機能するだろう。

ただし、個々のブランドマネジャーは企業ブランド全体を統括しておらず、そのままだとブランドに統一感が損なわれるおそれもある。各チームの活動を俯瞰し、企業ブランディングの推進を担うリーダーとしてCBOの存在が重要視されている。CBOとは「チーフ・ブランディング・オフィサー（Chief Branding Officer）」の頭文字を取ったもので、企業における最高ブランド責任者を意味する。

ブランディングの計画立案と、実行を通じた企業のブランド価値向上がCBOに与えられた使命（ミッション）である。CBOの主な役割として、大きく次の四つに集約される。

①ブランドコンセプトと目指すべきビジョンの発信

コーポレートブランドが目指している価値観をメッセージの形で分かりやすく表現し、社内および社外に向けて発信する。また、コンセプトに基づく将来ビジョンを、事業ドメインを含めて具体的に示す。

②ブランディングチームの編成と推進のリーダーシップ

事業別や製品別にブランディングチームを編成し、各々がブランド価値の向上を目指すという観点から、テーマ設定や課題解決に取り組む。チームの活動を効果的に推進するためのリーダーシップを発揮する。

③外部の専門家との連携と効果的な施策の立案

ブランディングの全体責任者という立場から、社外のコンサルタントやデザイナー、広告代理店などとの連携や調整を統括する。また、ブランディング全体の効果をより高めるためにさまざまな施策を打ち出していく。

④ブランディングの投資対効果を測定し、PDCAを回す

研究開発費や教育費、デザイン料や広告宣伝費などブランディングに必要な投資を予算化する。併せて粗利益率、リピート率、定価販売率、ロイヤルカスタマー比率などの成果指標も定点観測し、効果が出ていない場合は対策を講じる。

会社の規模や事業・製品の数によっては、ブランドマネジャー＝ＣＢＯという可能性もあるが、果たすべき役割についての考え方は同じだ。ＣＢＯには、幅広い知識や能力が求められる。ブランディングの知識はもちろん、計数管理やマーケティングの知識、コミュニケーションやプレゼンテーション能力、そしてリーダーシップが挙げられる。最初はトップや役員が代行することになるかもしれない。将来的にＣＢＯ人材を社内で育成していくことが、ブランドマネジメント上の重要なテーマになるだろう。

Case 10

「安心・安全・高品質」な使い心地がタオルの本質的価値

国産タオルのナンバーワンブランド

――今治タオル（今治タオル工業組合）

〈タオル産地としての歴史と伝統のブランド〉

愛媛県今治市は、タオルの全国生産数量で高いシェアを占める国内最大級の産地だ。その今治のタオルメーカーを中心とした一〇九社（二〇一七年）が加盟するのが、今治タオル工業組合である。二〇一六年の今治タオルの生産数量は前年比一・八％増の一万二〇三六トン。ピーク時（一九九一年）の五分の一まで落ち込んだ二〇〇九年から七年連続で増加し、低迷する他の繊維産地をよそに順調な回復を見せている。その原動力となっているのが、同組合が主導する「今治タオルプロジェクト」である。

このプロジェクトは、二〇〇六年に中小企業庁の「JAPANブランド育成支援事業」として採択されたもの。安全・安心で高品質な今治タオルをつくり続けていくタオル産地を目指し、「今治タオルにないものを外から付加するのではなく、今ある本質をもっと磨いていく」という考えのもと、クリエイティブディレクターに、ユニクロをはじめ数多くの企業の店舗や商品のブランディングを手がけてきた佐藤可士和氏を迎えスタートした。

二〇〇七年二月にブランドマークとロゴを発表し、同年七月には「今治タオル」の商標登録（地域団体商標）を行った。このうち、同組合が独自に定めた品質基準に合格したタオル商品のみに与えられる商標が、「今治タオルブランド」である。同商品は、「優れた吸水性と高い安全性」を有していることが最大の特長だ。

二〇一二年六月に、グローバルブランドを目指す拠点として愛媛県外初の直営店「今治タオル南青山店」（東京都港区）をオープン。現在は本店、今治国際ホテル店、松山エアポートストアなど四店舗を展開。「安全・安心・高品質」な今治タオルのものづくりを発信している。

今治タオルは、脈々と育まれてきた確かな技術・経験に裏打ちされた品質と、温もりに満ちたタオルであり、温暖な気候と水に恵まれて発展した一二〇年の歴史と伝統を受け継ぎながら、先進的な商品づくりに挑戦している。そうした「タオル産地の歴史的な背景」と、「タオルの本質的な価値の追求」といった方向性が、ブランドコンセプトとして確立されている。

〈本物志向の消費者にベネフィットを提供する〉

今治タオルが顧客に訴求する機能的ベネフィットは「吸水性」と「安全性」の二つに絞られている。消費者は専門知識を持たないため、製品の長所をシンプルに伝えなければならない。そのために、タオルの本質的機能である吸水性と、社会的背景から求められる安全性を重点的に発信している。消費者が国産の安全なタオルを安心して使うことができるように品質管理を徹底し、使い心地のよい柔らかな風合いを追求するため、手間隙をかけた糸と生地の晒《さらし》や染めに努めている。

また、その品質の高さを実感してもらうため、今治タオルのデザインは「白無地」が基本となっている。そこに組合の認定証であるロゴマークを配したタグが付けられる。実際に南青山の直営店には、組合員各社の白いタオルがずらりと並んでおり、色や柄以外で品質へのこだわりの違いを実感できる。これはシンプルなデザインで上質さを追求する今治タオルならではの情緒的ベネフィットだ。

そして、タオルはデザイン面での差別化が難しいため、消費者に本質的機能である品質の良さを伝える役割も必要になる。そのため、タオル選びのアドバイザーを育成する「タオルソムリエ資格試験制度」を開始、すでに全国で三〇〇〇名以上（二〇一七年九月時点で三〇二一名）が認定を受けている。専門知識を持ったスタッフによる接客サービスが、体験的ベネフィットにつながっている。

〈品質を維持向上させるブランドマネジメント〉

今治タオルのターゲットは高品質を求める本物志向の消費者であり、商品を選ぶ厳しい目を持っている。しかし、一〇〇社を超える組合員が足並みをそろえてブランド価値を維持していくのは困難を極める。したがって、ブランドを守るためのマネジメントの仕組みが重要となる。同組合の主な取り組みは、次の三点である。

①品質基準と検査方法

今治タオル独自の品質基準として、タオル片を水に浮かべ、沈み始めるまでに要する時間（検査方法は沈降法と呼ばれる）を五秒以内と定めて（「五秒ルール」）、「未洗濯」と「三回洗濯」の二回に分けて実施。それをクリアした製品だけをブランドとして認定している。日本タオル検査協会が定めた合格基準より、さらに厳しい基準を設けることで優れた吸水性を確保し、ブランドバリューを担保している。新しいタオルは最初に一度洗濯しないと吸水性が落ちるものもある。しかし、今治タオルは吸水性の高さを徹底追求するため、あえてこうした基準を設けているのだ。

②ブランドマニュアルの作成

組合員が守るべき基準やルールに関しては『今治タオルブランドマニュアル』という一冊の本にまとめられ、有償販売もされている。認定方法やブランドマークの使用方法が詳細に定められており、検査項目は一二項目に及ぶ。今治タオルブランドの商品を製造・販売しようとする場合は、このマニュアルと「今治タオルブランド商品認定事業規約」に基づき、商品の認定を受ける必要がある。加えて、市場に流通している商品の抜き打ち検査も随時実施しながら、品質の確保とブランド維持に努めているという。

③資格制度による人材育成

同組合に属する各企業にとって、人材確保は喫緊の課題である。職人の高齢化が進むなか、将来的な人材不足はブランドの喪失にもつながりかねない。そこで同組合では、技術の継承と若手人材の確保・育成を目的とした厚生労働省認可の「社内検定」の実施、熟練技術者にマイスターの称号を与える「タオルマイスター制度」など、独自の資格認定制度を実施している。

今治タオルのブランドを成功に導いたものは、独自のブランドベネフィットを担保するマネジメントシステムにあるといえるだろう。

7 インナーブランディング――ブランドを体現する人と組織を育てる

インナーブランディングの重要性

ブランドの価値を左右するのは、ものづくりや接客サービスの現場である。日常の基本動作をはじめ、どんな場面で、どう判断して、どう行動するか、全ては社員が「ブランドらしさ」をどう体現するかで決まる。例えば、高級感のあるプレミアムブランドで、だらしない服装の社員に粗雑な接客をされる。あるいは環境にやさしいブランドイメージの店の裏で、店員がタバコの吸い殻を路上に捨てていたら、他の取り組みが台無しになってしまうだろう。

ブランドとして伝える内容は、社内も社外も基本的に変わらないが、全ての社員にその本質を理解し、実践してもらうのは決して簡単ではない。特にベテラン社員ほど旧態依然とした考え方や習慣に染まっており、しかも本人にその自覚がないことが多い。こうした社員の意識と行動を変えることは至難の業である。

図表22 インナーブランディングの推進ステップ

【Step1】ブランド力を高める判断基準のツール化

ブランドの憲法となるブランドブックの作成と共有

↓

【Step2】全社員を対象としたブランド教育の徹底

全社員にブランドの理念を浸透させる教育研修の実施

↓

【Step3】ブランド貢献度による適正な評価と処遇

ブランドに貢献した人材を評価（評価や処遇との連動）

トップや一部のメンバーでブランディングを進めたが、「笛吹けど踊らず」の例えの通り、現場の社員に変化が見られず、ブランドが「空き箱」になってしまうケースも散見される。

ブランディングといえば、対外的な発信が中心のように思われるが、実際には社内に浸透させることのほうが難しく、なおかつ重要である。「インナーブランディング」とは、ブランドの理念や価値を社員に理解・浸透させる啓蒙活動のことである。社内へのブランドの発信と浸透を通じて、社外に広く展開していくために不可欠な準備だといえよう。

社員も本音では誇り高いブランドのもとで働きたいはずだ。まずは、トップから全社員に対して新たなブランドコンセプトをメッセージとして発信することがスタートになる。そして、次のステップで進めていく（図表22）。

ステップ1：ブランドブックで判断基準を示す

インナーブランディングを推進するには、ブランドの憲法とも呼べる〝ブランドブック〟のようなツールが必要だ。ブランドコンセプトに基づき、顧客や社会に対する使命や大切にしたい価値観とともに、ブランドを体現する役割を担うべき社員の考え方や行動の基準を示す。「やるべきこと」や「やってはいけないこと」を具体的に記載することもポイントになる。作成に関わった社員のブランド認識が深まることから、社内プロジェクト方式でつくり上げるのが望ましい。それを印刷・製本して、全社員に配布する。

ただし、単なるルールブックやマニュアルにならないよう、事例による解説や、写真・イラスト・漫画を入れるなどして読みやすくする。また、できるだけ難しい言葉や専門用語は避けて全体的に分かりやすく、新入社員が読んでも理解できる内容にしたい。

ザ・リッツ・カールトンホテルの〝クレド・カード〟は、社員の価値判断力を高めるツールとして広く知られている。「お客さまへの心のこもったおもてなしと快適さを提供することを最も大切な使命とこころえています」という一文から始まり、〝ゴールドスタンダード〟という項目のなかで行動指針を具体的に説明している。社員はそれを常に読み返しながら、自分が会社の一員として何をすべきか、顧客に対してどのような判断基準で行動すべきかを確認するという。これが、最高級ホテルのサービスレベルやホスピタリティーとなって、他のホテルにはない神秘性や奥行きの深さにつながっている。まさにリッツ・カールトンの存在そのものがブランドだといえるだろう。

ステップ2：教育でブランドの理解・浸透を促す

ブランドブックを実践で生かすためには、社員が内容をきちんと理解し、自らの具体的な行動に落とし込むための咀嚼《そしゃく》が必要になる。やはりツールだけでは組織改革のスピードは上がらない。そこでブランドブックを実践するための集合教育を実施する。現場の社員だけでなく、役員や管理職から始めて階層別に、全社員へ行うことが望ましい。

また、インナーブランディングの教育では、インプットよりアウトプットが求められる。ブランドコンセプトの実現のために、自らがどんな役割を果たすべきかを考え、具体策を出してもらいたい。したがって研修ではグループディスカッションを取り入れるべきだろう。

総合セキュリティーのナンバーワンブランドであるセコムは、世界で初めてセキュリティーシステムを開発し、機械による二四時間体制の警備を実現した。現在は「社会システム産業」をコンセプトとし、安心・安全に加え〝便利・快適〟も追求していくという。実際に、超高齢社会、セキュリティー、環境、災害などの情報をビッグデータでつないだ〝ALL SECOM〟体制を実現すべく、多岐にわたる事業を展開している。

同社はインナーブランディングの一環として、五万人に上るセコムグループの全社員に対する教育研修を充実させている。研修は全部で三〇〜四〇コースあり、全国三カ所の研修センターで、年間延べ一万二〇〇〇人ほどが受講するという。研修プログラムの第一目的は、「セコムの理念」に基づく意識改革だ。

同社には、創業者の飯田亮氏がセコムグループの社員向けに自ら執筆した「白本」と呼ばれるブランドブックがある。セコムの理念、社員としての基本的な考え方やあるべき姿、行動原理などをハンドブックにまとめたもので、全社員に配布し、徹底されている。

セコムの国内での企業認知度はすでに九八％を超えており、「安心感がある」「信頼できる」というブランドイメージが定着しているが、それでも社員教育を怠ることはない。インナーブランディングにより、セコムグループの経営基盤と新たな事業展開を支えているのだ。

ステップ3：ブランドへの貢献度を適正に評価する

ツールと教育によって浸透した考え方をもとに、推進力を高めるため、ブランドへの貢献度と人事評価を連動させたい。個人のブランド貢献を処遇に反映させることで、ブランディング活動のスピードが上がってくる。なお、評価基準は営業・開発・製造などの職種ごとに設定していく。主な方向性としては、次の通りである。

◎営業：ブランド価値を的確に伝える創意工夫で、新たなファンを開拓・獲得できたか
◎開発：ブランド理念に沿った高付加価値の商品開発で、ブランドイメージを高めたか
◎製造：ブランド品質基準に沿った製品づくりで、ブランドの維持・向上に貢献したか

また、現場の社員にもプライドを与えるため、「社内マイスター制度」のような仕組みの導入を検討するのもよい。実務での経験年数、専門知識や技能による資格試験などで認定し、レベルによる階層を設ける。マイスターに認定された社員を社内研修の講師に登録し、資格手当や昇進・昇格制度と連動させる。ただし、マイナス評価が主体の減点方式は、あまり好ましくない。あくまで目的は社員に前向きな行動を促すことであり、ブランドコンセプトを実践する〝モデル人材〟を、高い評価や処遇によって称賛することがポイントだ。

インナーブランディングが目指すべきゴールは、全社員が自信と誇りを持てる組織風土づくりにある。

Case 11

働く人たちの誇りが生んだ奇跡の七分間

車両清掃のナンバーワンブランド ――JR東日本テクノハートTESSEI

〈ブランドコンセプトは「新幹線劇場」〉

新幹線清掃の「奇跡の七分間」として、海外メディアやハーバード・ビジネススクールの教材としても取り上げられる企業がある。それが、JR東日本テクノハートTESSEI《テッセイ》だ。社名の由来である「鉄道整備株式会社」として一九五二年に発足し、在来線や新幹線車両の清掃整備事業を中心に行ってきた。

従業員数は九一二名（二〇一八年四月現在）で、女性とパートの構成比が五割を占めている。改革前の同社は、受託費の大幅減額という厳しい環境にあった。また、車内清掃という仕事のマイナスイメージからスタッフの士気が上がらず、離職率も高く、事故やクレームが多発するなど、組織が負のスパイラルに陥っていた。

そこで組織活性化に着手したのが、当時JR東日本から取締役経営企画部長として赴任してきた矢部輝夫氏（現・合同会社おもてなし創造カンパニー代表）である。まず取り組んだのは意識改革。矢部氏はスタッフが自らの仕事に誇りを持てない状況を目の当たりにして、「このままでは絶対によい仕事はできない」と考えたという。よい仕事はチームワークのベースとなる働く誇りとやりがいを持たせ、社会的役割を認識することから始まる。そのための旗印として掲げたのが新たなブランドコンセプトである「新幹線劇場」だ。

新幹線劇場という言葉は女性スタッフが考案した。新幹線には乗客それぞれのドラマがある。出張での商談、家族との旅行、就職や入学での旅立ちなど、そうした大事なステージの裏方として、車両を清潔に保つことで貢献するという思いが込められている。

自分たちの仕事は清掃業でなくサービス業で、新幹線劇場のキャスト。顧客に温かな思い出をお持ち帰りいただくことがミッションだ。コンセプトを再定義することで社員の意識が大きく変わっていった。

〈奇跡の舞台裏にあるインナーブランディング〉

同社が提供するブランドベネフィットは、「早く・正確で・完璧な」サービスだ。一日当たりの車両清掃数は列車で一七〇本、座席数にして約一七万席あるという。実質的にスタッフ一人で約一〇〇席を担当し、全ての席でごみ出し、座席の向き替え、テーブル拭き等までを行う。その一連の業務を標準時間七分で完璧に仕上げ、さっそうと引き上げる。

もちろん、実践するのは現場の第一線で働く人たちだ。サービスには形がなく、行動規範やルールをつくればできるものではない。スタッフ全員がブランドになるため、「やり続けて、やり遂げる」という実行力と徹底力が必要になる。その意識をスタッフに浸透させることだ。そこで、本社を現場の支援組織として位置付け、現場のスタッフが力を出しやすい環境をつくった。そして、トップダウンからボトムアップへと転換。スタッフの提案を真剣に受け止め、改善する。建設的な意見に決してノーと言わない姿勢が彼らの心を動かしたのである。

その成果として、さまざまな現場からの社内改革提案が行われている。代表的なものがスタッフ教育用のマニュアル作成、一列に整列しての入出場、子どもに配るポストカードの開発、季節ごとのキャンペーンの実施などである。顧客の代弁者として、親会社にも改善提案して、駅トイレの改良やベビー休憩室の設置など、改善につながったという。

また、新幹線劇場を見える形にするため、スタッフのユニフォームを変更した。テーマパークで着用されるようなスタイリッシュなデザインだ。コンセプト通り「自分たちはお掃除屋ではない」ということを、外見でも表現したのである。

会社のスタッフ支援力を高め、互いに認め合う文化も根付かせた。言葉の役割・大切さを「ノリ語」という形にした。ノリ語とは、「ありがとう」「頑張っているね」「頼りにしているよ」など、言われた人のモチベーションが上がり、職場の雰囲気がよくなるポジティブなワードのことである。『ノリ語集』という小冊子も作成された。

さらに、スタッフの地道なブランド貢献活動をリポートする「エンジェル・リポート」を導入した。「よいことをした人」「コツコツ頑張っている人」を他の人が褒め、報告する仕組みである。これによりスタッフ同士が認め合い、褒め合う文化が醸成された。

達成感と誇りがスタッフのやる気に火を付け、同社は自律的な組織へと生まれ変わった。スタッフは清掃の技術を絶えず見直し、新幹線が到着したときのお辞儀も改善した。その所作は今や〝おもてなしの見本〟になっている。

ブランディングで最も難しく、大事なことは人と組織を動かすことだ。全員が社会的使命の実現に向けて自律的に動き出せば、そこに大きな価値が生まれるだろう。業界を代表する優れたサービス、感動を生むサービスは、全てがスタッフのこだわりや熱い思いを形にしたものだ。そこに「奇跡の七分間」の本質がある。

同社は「きつい・汚い・危険」の3Kではなく、新たな3Kとして「感謝・感激・感動」を掲げる。その思いは乗客の心をつかみ、広く世界に伝わり、働く人たちに勇気と感動を与えている。

8 アウターブランディング――ブランドの価値を社外に正しく伝える

タッチポイントをどれだけ増やせるかが重要

ブランドは価値を最終的に社外に発信することで、初めてそれを付加価値に替えられる。ここまでの七つの要素によってつくり上げたブランディングの集大成であり、「誰に」「何を」「どのように」伝えるかが最終的なアウトプットになる。

ブランドの全ての価値を正しく伝えるという意味で、こうした対外的な発信を「アウターブランディング」という。思い付きでなく体系的かつ計画的に進めていく活動である。

アウターブランディングの仕かけとしては、プロモーション、プレスリリース、アワード（表彰・褒賞）、コミュニケーションなどが挙げられるが、重要なのはＷｅｂとリアルを組み合わせたさまざまな仕かけにより、顧客とのタッチポイントをいかに増やすかだ。そこで蓄積されたブランドイメージが顧客のマインドシェア向上につながっていく。

多面的なプロモーション活動の展開

ブランドの認知度アップを目的とした、広告宣伝やプロモーション活動はテレビや新聞といったマスメディアだけではない。専門誌（紙）などへの広告出稿、ターゲットを絞ったWebプロモーション、国内外展示会への出展、イベントの企画、アンテナショップの出店など、その選択肢は多岐にわたる。ブランドターゲットの行動特性に基づき、複数のメディアを多面的に活用して露出を増やし、できる限り費用対効果を高める。当然、目立てばよいという類いのものでもないため、ブランドイメージから大きく遠ざからないように注意したい。

レクサス（Lexus International）は、トヨタ自動車が世界六五カ国で展開するプレミアムブランドである。ブランドコンセプトは「EXPERIENCE AMAZING」で、「革新的で驚きに満ちた体験を〝大人の遊び〟として提供する」という。レクサスのアウターブランディングの特徴は「車を売らない」ことにある。実際に海外でも話題になった、レクサスのWebプロモーション動画には、車がほとんど登場しない。レクサスブランドが目指す世界観やライフスタイルを発信することで、情報高感度層を刺激するのが狙いだ。高級車の所有感を高めるには、購入者の周囲にも「センスがいい」と思わせるブランドでなければならない。

そのため、ターゲットに影響を与える顧客層まで意識したブランドプロモーションを展開している。例えば、東京・青山にオープンした「INTERSECT BY LEXUS（インターセクト バイ レクサス）」は、販売店のショールームではなく情報発信拠点である。まるで高級ブティックのように洗練された外観で、店内にはカフェ、レストラン、ショップを併設している。ここには車を「売ってやろう」という雰囲気は感じられない。レクサスブランドを五感で体感する場であり、コミュニケーションスペースとなっている。一方で、アウトドアやサーキットでの体験型イベントでユーザーとの交流を行っている。こうした取り組みが、レクサスブランドの新しい歴史をつくっていくに違いない。

プレスリリースやアワードの活用

メディアを使ったプロモーションをやればやるほど、ブランドイメージが信用されにくくなるという面もある。広告宣伝が多すぎると、受ける側はかえって疑いたくなるものだ。

プレスリリースによって新聞記事として取り上げられれば、パブリシティーとして広告とは違った効果が期待できる。ただし、どんな記事がいつ取り上げられるかは、時事の話題や他の記事との関連性によることが多く、コントロールは難しい。そのため、自社ブランドに関するトピックスを定期的に数多く発信しておくことが必要だ。

アワード（表彰・褒賞）の受賞もブランドの信頼性を高めてくれる。公に認められることでいえば、公的認証制度も同様の効果がある。国や地方公共団体によってさまざまなアワードが設けられているので、有名でなくても積極的に活用すべきだろう。

顧客との双方向のコミュニケーション

プロモーションはこちらからの一方通行であるため、どうしても顧客の反応がフィードバックされにくい。その点で、やはり双方向のコミュニケーションは不可欠になる。

最近は「LINE」「Facebook」「Instagram」などに代表されるSNSや、「YouTube」のような動画サイト、自社ホームページも含めたWeb・デジタルツールが多数存在している。これらを駆使することで、比較的簡単に顧客との直接対話が可能になった。コスト面で負担が少なく、誰もがすぐに取り組める点もありがたい。

会員制度上でイベントを企画したり、顧客同士の交流会を組み合わせてもいい。ロイヤルカスタマーが参画し、共に新しいブランドを創っていくようなスタイルのほうが現代的で、顧客の熱狂を生みやすいといえる。

また、SNSでの拡散や口コミなどを通じて、ブランドのよさを発信してくれる影響力を持ったロイヤルカスタマーのことを「インフルエンサー」と呼ぶ。社員に代わってブランドの価値を広める伝道師的な役割を果たし、アウターブランディングにおいては啓蒙活動の担い手といえる。このインフルエンサーをどれだけ増やせるかが、顧客とのコミュニケーションの最終目的になるだろう。

チャネルと販売方法の最適化

最終的なタッチポイントとなる販売チャネルの選択はブランディングでも重要である。スーパーマーケットやコンビニエンスストアなどは顧客数が魅力的だが、価値を伝えるという点では難しい面も多い。業態や地域で絞るか、代理店や特約店でしか手に入らないようにするか、取り扱う製品やサービスの特性にもよるが、ブランドマネジメントの観点からも、ある程度チャネルは限定すべきだろう。

また、どんな販売方法を取るかもしっかり吟味したい。高単価商品や個々の事情、特性に合わせる必要があれば、接客販売によるコンサルティングセールスが前提になる。ホテルのコンシェルジュのように、自社が扱う製品やサービスに関して豊富な知識や経験を有する専門スタッフを置く方法もある。

これらの方法を組み合わせて、アウターブランディングの仕かけづくりを進めていく。限られた予算で成果を最大化するためには、緻密な作戦を立てることが不可欠になる。

先述のカスタマージャーニーをもとにターゲット顧客の心理や行動の変化を先読みしてイメ

図表23　顧客心理を意識したアウターブランディングの設計

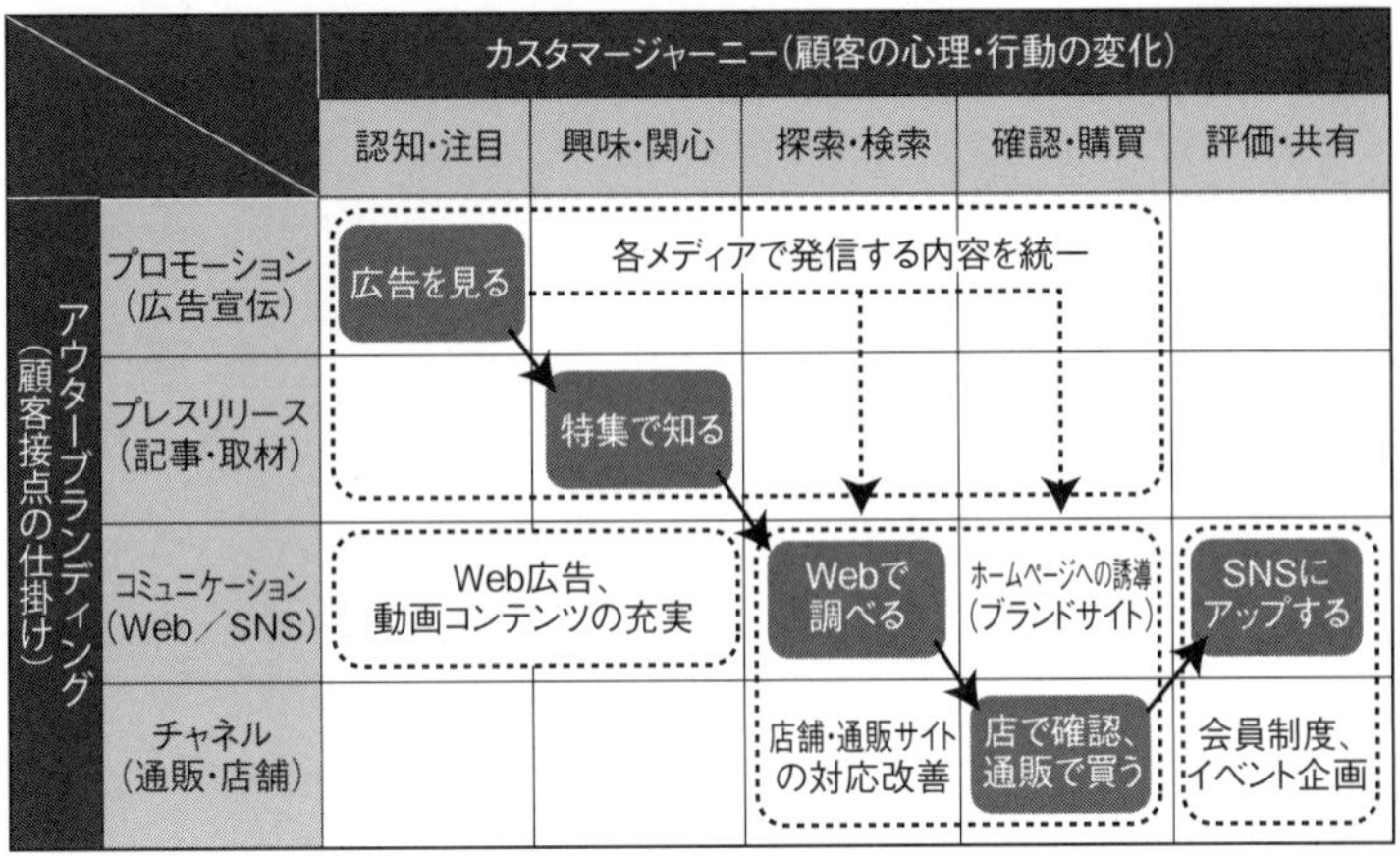

ージし、顧客とのタッチポイントを効率的かつ効果的に設計する（図表23）。

また、各施策の順序やタイミングを外さないよう、年間カレンダーに落とし込み、計画的な実行が求められる。

いずれにしても、アウターブランディングの目的は販売ではなく、ブランドの価値を正しく伝えることだ。単なる広告宣伝キャンペーンにしないためにも、ターゲットを意識した上でブランドのコンセプトやベネフィットをしっかりと訴求したい。

こうしたブランディングの七つの機能を強化していくことが、ナンバーワンブランドを確立し、維持・発展させていくためには不可欠なのである。

Case 12 「筆は道具なり」で伝統産業の価値を伝える

化粧筆のナンバーワンブランド——白鳳堂

〈化粧筆というジャンルを確立した先駆者〉

白鳳堂は、伝統的な毛筆製造技術を生かした化粧筆で、世界にその名をはせるナンバーワンブランドである。同社の化粧筆は国内外の有名化粧品ブランドに採用され、二〇〇五年には「第一回ものづくり日本大賞（内閣総理大臣賞）」を受賞している。

同社が本社を構える広島県安芸郡熊野町は、約二〇〇年の歴史を持つ「熊野筆」の産地として知られる。江戸時代より書道用の筆づくりが盛んであり、戦後は絵画用の筆や化粧筆も生産されるようになった。その筆職人の一人、高本和男氏（白鳳堂社長）が家業から独立・起業したのが同社の始まりだ。現在の従業員数は三一〇名で、うち約二四〇名が生産現場で働く。生産は広島の本社工場で行っており、直営店を二店舗、国内主要都市の百貨店にも店舗を設ける他、海外進出も果たしている。製造品目は化粧筆が九五％。面相筆（人形の顔を書いたりする筆）などで培った技術を応用し、現在の主力商品となっている。

従来、化粧筆に高級品は存在せず、コンパクトケースなどの付属品にすぎなかった。そこで同社は伝統的な毛筆製造技術を生かして高級化粧筆を開発し、それを単品で販売するという新たなカテゴリーを創造した。当初、国内では金額的な理由から受け入れてもらえなかったが、米ハリウッドの世界のメーキャップアーティストの間で高い評価を獲得し、それを逆輸入する形で国内に展開。化粧筆のファーストブランドとして地位を確立したのである。

〈高品質を安定化する生産体制と人材〉

化粧筆の原毛（動物の毛）は主に中国から取り寄せている。原毛は最高級のものを使い、しかも「整毛」という工程で三〜五割は捨ててしまう。これが同社の高品質とブランド力につながっている。また、ＯＥＭ生産を除くほとんどの商品は高本社長が自ら検品しており、自社ブランドでクレームが発生することはないという。

とはいえ、高品質を維持しながら安定的に量産することは、伝統工芸の苦手な取り組みである。同社はそれを実現するために工程を細分化し、工程ごとのスペシャリストを多く育成することで対応している。さらに、プロの要求に応える道具としての価値と安定した品質を支える生産体制を構築するため、工場内で「３Ｋ（きつい・汚い・危険）」の排除に努めている。過ごしやすい、けがをしない、負担をかけない、ということを積極的に進め、社員・パート社員の適材に合わせて製造工程を任せている。

製造部門は「お客さまに喜んでもらえる商品を、心を込めてつくる」こと、販売部門は「お客さまに喜んで使ってもらうため、それに見合った商品を提案する」ことを役割としている。顧客視点で社員それぞれが考えることが、同社のブランドを支えている。

例えば、工場や事務所、営業にマニュアルはない。「マニュアル通りにやりました。でもダメでした」という責任逃れ、「原因は自分にない」という考えを排除するためである。

製造現場の社員は顧客の声を聞く機会が少ないため、雑誌などに取り上げられた自社の記事を回覧し、自分たちがつくった製品に誇りを持たせている。求める品質が出せるまで頑張る姿勢を社員に浸透させ、常に自分で考え、よりよくすることを奨励している。

直営店での販売においては、決して押し売りをせず、顧客とよい関係を築くことを徹底している。通常、企業はどうしても高いものを売りたがる傾向にある。だが、同社は「道具を売る会社」という考えを社員に徹底させ、顧客の意向をくんだ提案・接客を重視している。

基本的な商品特性は社員に指導しているが、顧客のニーズや性格は千差万別である。したがって、接客では社員一人一人の主観と感覚に任せており、それが顧客の共感につながっている。

また、同社は売上高を経営目標にしておらず、販売社員にノルマも課していない。数字を意識しすぎると、顧客に不必要なものを売ってしまうからだ。社員の評価は、白鳳堂ブランドの考え方をどれだけ理解して実践しているかを見るという。

〈顧客と直接つながり、伝統文化を伝える〉

同社は化粧品メーカーのOEM生産を行っているが、下請けのようになることを避けるため、OEMは国内・海外を問わず、問屋・エージェントを通さずに化粧品会社と直接取引する。化粧品の開発担当者としっかりとやりとりできるため、企画の打ち出しがスムーズに進む。購買担当者と先に話をすると、価格が先行してブランド力を低下させるおそれがあるという。

また、販売チャネルは通信販売、全国の主要都市での店舗展開、有名百貨店の化粧品売り場でのイベント販売など、自社で管理できるところだけに限定している。インターネット販売も行っているが売上比率は高くない。あくまでも道具を売る会社であり、その考えを徹底させるためには、自社の社員による販売でなければならない。委託販売すると売上げを上げるための販売を行ってしまう。道具として売るためには、道具として機能するものを売らなければならない。化粧筆の性質と顧客一人一人とのマッチングを重視し、「触って、選んで」買ってもらう販売形態が基本だ。

さらに、同社独自の取り組みとして『ふでばこ』という季刊誌を、社員による自主制作で出版している。日本の伝統的なものづくりや素晴らしい道具を紹介する内容である。広告料金は取っていないが、ブランドイメージの発信に貢献している。

海外では、米国、ヨーロッパでの販売が落ち着くなか、今後は東南アジアや中東の市場が爆発的に増加する。そうした流れをつかむためにすでにシンガポールに常設店を設置。化粧筆のブランドとして、世界を視野に入れた展開を進めている。

また京都本店は、外国の顧客に対する情報発信と京都周辺の伝統的なものづくりの情報収集の場である。同社の本業は化粧筆ではなく、伝統工芸である。その文化を守るために供給責任を果たす必要がある。その筋の職人から聞くニーズが一般の顧客に対しても十分に展開できるという。

白鳳堂といえば伝統技術に注目が集まりがちだが、こうした戦略的なアウターブランディングの設計も、ブランドづくりの基盤になっているのだ。

第5章

企業特性に応じたブランディング

1 老舗企業のリブランディング

ブランドは時間の経過とともに陳腐化する

ブランドが持つ価値は、決して永遠ではない。ブランドにも人間と同じようにライフサイクルがあり、誕生から成長、衰退まで時間の経過とともに変わっていく。

図表24に示したものは、ブランドのライフサイクルである。ブランドを確立した当初は特徴のある製品やサービスで成長していくため、ブランドイメージも個性的で際立った存在であることが多い。しかし一定期間が経過すると、同じようなライバルの出現などによって陳腐化が始まり、そのまま放っておくとやがて魅力が失われていく。

実際に、一〇〇年以上存続している長寿企業を研究していくと、そこにはブランド力を維持するための共通点が見られる。年月を経てもブランドを陳腐化させないため、小さな改善や新しいことへの挑戦を繰り返している。三〇年以上売れ続けているロングセラー商品も、内容やパッケージを既存顧客が離れない範囲でリニューアルしていることは多い。長期にわたってブランドの鮮度を保持するには、相応の努力が不可欠になるのだ。

図表24　ブランドのライフサイクル

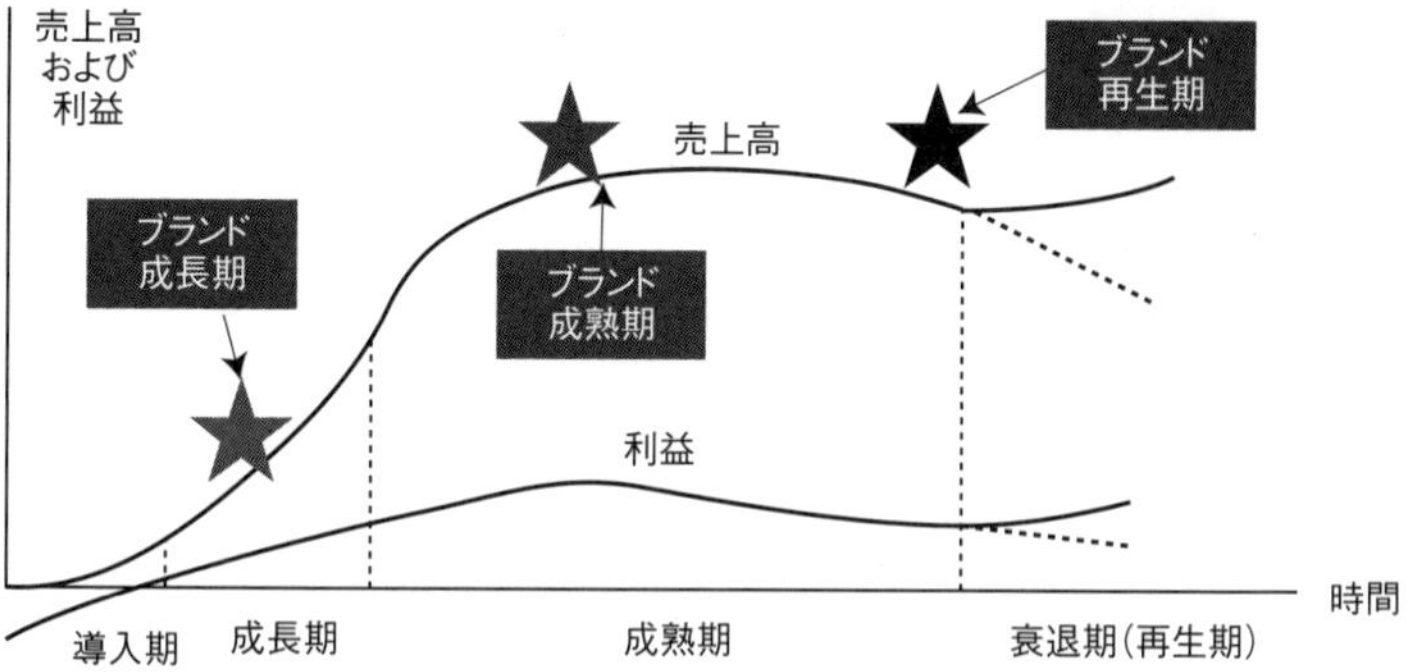

<導入期〜成長期> 特定カテゴリーの代表的ブランドとして際立たせる	<成熟期> ブランド差別化や類似・模倣対策が必要になる	<成熟〜再生期> 新たな価値を加えることでブランドを再創造する

一方で、ブランドの陳腐化が進んでいるときは、その兆候が表れる。例えば、事業計画を策定する際に、粗利益（付加価値）率があらかじめ低く設定されている場合がある。目標に対するプレッシャーやライバルとの競争はあっても、最初から価格以外では勝負できないという空気感は要注意で、すでにブランドの陳腐化が進んでいるかもしれない。また、既存のブランド力で競争に対応しようとした結果、無理な仕様・スペックで採算が合わない仕事、無駄なアイテム数の増加につながり、結果として粗利益率が下がる。組織の活力が低下すれば、顧客のブランドロイヤルティーも低下する。固定客の利用頻度やリピートが減り、客数の減少にもつながりかねない。創業から三〇年以上たって承継期を迎えた企業の多くが、トップの年齢とともに

ブランドも老化しており、それがさまざまな症状となって現れる。

こうした症状が見られる場合、ブランドの魅力を再構築すべき時期に来ているといってよい。その取り組みが〝リブランディング〟である。リブランディングとは、ブランドの価値を再創造することであり、会社と社員が〝らしさ〟を取り戻すための活動である。

まずは自社の創業の理念を再確認するとともに、果たすべきミッションを取り戻すことからスタートする。ただし、創業者がやってきたことをそのままなぞるという意味ではない。創業の意思をくみ取った上で、環境変化や自社の現状に合わせてコンセプトを再定義することだ。経営には「不易と流行」があるといわれる通り、「変えてはならない企業の原点」と、「変えるべき顧客価値の観点」からリブランディングを進めていくのである。

ブランドターゲットの若返りや成長市場を狙う

ブランドの陳腐化には「顧客の老化」という側面もある。時間が経過すれば、ブランドを支持する顧客の年齢も上がっていく。現在は二〇代のロイヤルカスタマーも、三〇年たてば五〇代になる。若者のブランドがいつの間にか高齢者のブランドになっていても、決しておかしくはないのだ。そこでブランドターゲットの再設定が必要になる。

例えば、健康食品メーカーで顧客分析を行った結果、自社ブランド商品を継続的に購入しているヘビーユーザーの過半数を六〇歳以上が占めていたとする。この場合、現在の売上げを支えているのは間違いなくこの年齢層だが、今後二〇~三〇年という期間に、はたしてどのくらいの顧客が残っていくだろうか。顧客の加齢とともにブランド力と業績が低下し、やがて会社の存続を脅かすことにもなりかねない。したがって、三〇代や四〇代の少し若い年齢層にターゲットを再設定し、ブランドのあり方を見直すことが必要になる。

もし若年層を狙う場合、彼らが〝ミレニアル〟と呼ばれる、一九八〇~二〇〇〇年代初頭に生まれた「デジタルネイティブ」世代であることを念頭に置くことだ。五〇代や六〇代とは価値観や行動様式がまるで違う。生まれたときからパソコンなどのデジタル機器がある環境で育っており、スマートフォンやSNSでのコミュニケーションが当たり前である。消費では「モノよりも体験」を重視し、「何を買うか」よりも「なぜ買うか」に判断基準を置いている。若い世代に伝えるメディアとしては映像の効果も高く、「YouTube」や「Instagram」は日常的な情報共有の場となっている。こうしたターゲットの特性に合わせて、ブランディングのやり方も変えていくべきだろう。

もちろん、あまりにも現在の顧客層から外れてしまうと、イメージギャップが大きすぎて逆効果となる懸念もある。既存のブランドイメージを大きく壊さない範囲でリフレッシュするバランス感覚が必要かもしれない。

BtoBの企業でも、この考え方は通用する。例えば、顧客企業の大半が成熟業界や衰退マーケットに属しているとすれば、いくらブランド力を強化しても将来性は期待できない。少なくとも今後の成長が見込める分野にターゲットをシフトしていくべきであり、自社の事業戦略そのものを練り直す必要もあるだろう。医療・福祉などのヘルスケア分野、環境・新エネルギー分野、ロボット・IoT（モノのインターネット）・AI（人工知能）などの先端テクノロジー分野などにおいて、自社のブランドコンセプトとの接点を探っていきたい。

肝心なのは、自社の将来を見据えて、狙いを持ってブランドターゲットを再設定することである。未来に向けての顧客シフトへの挑戦が、老舗ブランドにこそ求められる。

ブランドのプラットフォーム化で「新しい」を生み出す

再設定したブランドターゲットに合わせて、ブランドベネフィットを再構築することも必要である。新しい顧客に対して、どんな新しい便益を提供するのか。そこに手を加えなければ、ブランドが顧客に受け入れられることはない。この場合、ターゲット顧客のインサイト（本音）を掘り下げ、「モノ」ではなく「コト」の観点から見直していく。コトとは顧客にとっての「ソリューション（問題解決）」である。

新たなベネフィットを生み出すにあたって、自前主義にこだわる必要はない。自社だけで対

図表25　リブランディングの方程式（考え方）

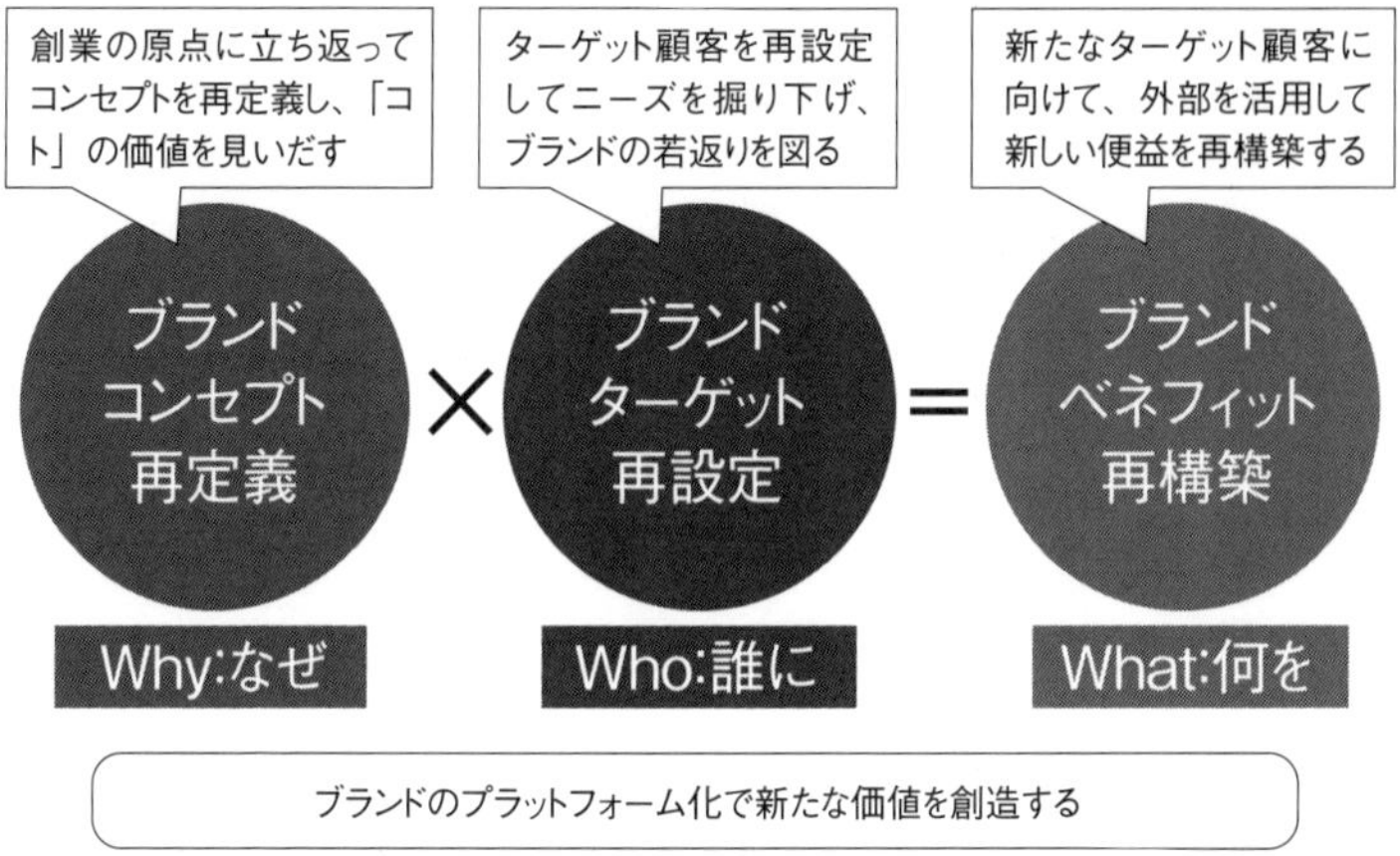

応できる範囲は限られており、社外との連携や協力を積極的に進めるべきだろう。企業同士の提携、産学官連携での研究、地域内での協力体制など、取り組みの形はさまざまである。

　ここでブランドの〝プラットフォーム〟としての活用を提案したい。プラットフォームは新たな情報や技術・ノウハウが集まる場を意味している。ブランドが外部とつながる土台となり、新たな顧客の便益になっていく。例えば、自動車メーカーとアウトドア用品のブランドがつながってＳＵＶの新たなブランドが生まれ、外食チェーンと医療機器のブランドがつながって新しい健康食品のブランドが生まれる、などが挙げられる。

　図表25に「リブランディングの方程式」としての考え方を整理した。コンセプトの再定義と

ターゲットの再設定、ベネフィットの再構築という手順で進めていくことで、老舗企業のよさを生かしながら、ブランドの新たな価値を生み出していただきたい。

リブランディングを成功させるためは、タイミングも一つの要素になる。特に、「創業五〇周年」「一〇〇周年」といったアニバーサリーイヤーは、新しいことを始める大義名分にもなり、社内外の理解が得られやすい。こうした機会を記念行事のイベントだけで終わらせるのはもったいない話で、ぜひチャンスとして活用すべきだ。

長年にわたって築き上げたブランドをプラットフォームに、そこに新しい何かと何かをかけ合わせて化学反応を起こす。ナンバーワンブランド同士によるコラボレーションなら、さらに可能性が広がるだろう。

Case 13

老舗企業がリブランディングでよみがえる

シームレスカプセル技術のナンバーワンブランド――森下仁丹

〈ブランドの陳腐化による経営危機からの脱却〉

森下仁丹は、銀粒の仁丹や体温計から出発し、近年では健康食品や医薬品の製造販売、さらにはシームレスカプセル技術のバイオおよび工業用途の開発に至るまで、幅広い分野で企業活動を行っている。

同社の中核事業である仁丹は、一九八二年の売上高三八億円をピークに、タブレット菓子などの他社商品の氾濫で売上げが急速に縮小。二〇〇三年には三億円まで落ち込み、企業業績も三〇億円の赤字を計上した。

その際、商社出身である駒村純一社長の指揮のもとで社内改革を断行。自社の存在価値であるヘルスケア分野での社会貢献、創業者の開拓スピリッツや最先端を追求する姿勢を問い直すことから始まり、社内に蔓延していた仁丹ブランドへの過信や殿様意識を払拭していった。そうした取り組みのなか、仁丹の製法を応用したシームレスカプセル技術の開発に成功し、仁丹の売上げ減少分を新たな商品で代替することを可能にした。

〈仁丹からシームレスカプセルの技術ブランドへ〉

開発の起爆剤となったシームレスカプセル技術とは、銀粒の仁丹に液体を入れる発想から生まれた「滴下法」と呼ばれる同社の固有技術である。水滴のように継ぎ目のない小さなカプセルをつくり、そのなかにさまざまな成分を閉じ込めることができる。

次に、新たな森下仁丹ブランドを代表する製品・サービスの一例を挙げる。

●「ビフィーナ」

乳酸菌を生きたまま腸に届ける、シームレスカプセルの技術が活用されたヒット商品。累計販売数は一〇〇〇万個を超えた。

●「カプセル受託事業」(B to B)

フレーバーや医薬品など同社のシームレスカプセル化技術の受託生産。事業開始から受注実績を積み重ね、現在は年間約三〇億円の売上げ規模に成長。

●「デンタルクリーム」などのセルフメディケア製品

特に注目したいのが口内炎の痛みを和らげるデンタルクリームだ。痛みというキーワードから企画し、他社から導入して発売。ヒット商品となった。

〈プラットフォーム化による社外連携〉

同社が企業内の埋もれている資産を探すなかで発見したものが、シームレスカプセル技術であり、ユニークな特性と可能性を秘めていた。仁丹以外のターゲット顧客として社会のあらゆる問題に関心を持ち、その技術を生かした商品開発を行い、自社にできないことはベンチャーや大学などとの社外連携によって、実行スピードと成果を高めてきた。

こうした発想から生まれたのが、「レアメタル回収カプセル」[*1]や「シロアリ駆除用の殺虫成分含有疑似卵カプセル」[*2]。また、事業化に向けて開発が進む「経口ワクチン」[*3]のシームレスカプセル技術は、腸溶性が求められる医薬品に広く応用が期待される。技術革新や設備拡充などの積極的な先行投資により、将来への種まきも行っている。

同社はすでに仁丹のブランドではなく、健康、医療、環境、バイオといった成長分野に不可欠な技術ブランドとなっている。創業一二〇年を超える老舗企業のリブランディングは、今世紀に飛躍する最先端のテクノロジーを生み出しつつある。

〈意識・社風改革とリブランディングの断行〉

同社がリブランディングを行う上で最大の敵となったのは、業績が悪化していることを真剣に受け止めず、仁丹ブランドを過信して手を打たない社員の「殿様意識」と、過去の時代を引きずり、イノベーションに挑戦しない「老舗病」ともいえる企業風土であった。

社長の駒村氏は、常に「ビジョン＆ベンチャー」の精神を社員に唱えてきたという。ビジョンとは社員一人一人が会社の将来を描き、どんな商品を開発すべきかを考えること。ベンチャーとは実行力であり、ビジョンを達成するために有言実行で取り組むことである。この精神は決して駒村氏の思い付きではない。創業者の思いが詰まった企業理念を実践しているだけだ。

同社はリブランディングを断行していくために、社内の「意識改革」と「組織改革」の二つを重視している。社員に有言実行の精神を持たせるため、会社への貢献度を評価対象とし、社長が部門長やプロジェクトリーダーをバックアップしながら、自らが有言実行で責任を果たしてもらうスタイルを取っている。また、商品開発にあたっては、五～一〇年先に成長する分野や市場・顧客ニーズの仮説を立て、時流を先読みしながらアプローチを行っているという。

老舗ブランドが業績悪化に陥っても復活の鍵は必ずある、もし見つけ出すことができなければ外部から持ってくればいい。それは自己規制の改革である。既成概念や建前・前例・様式からの自己解放が、リブランディングの第一歩となる。

＊1　バクテリア（微生物）を生きたまま包んだシームレスカプセルを、レアメタルイオンの含まれる産業排水などに入れ、そのなかからレアメタルを効率的に回収する

＊2　殺虫活性物質を含有する疑似卵をグルーミングした成虫が、他の成虫と栄養交換することで殺虫成分が拡散。遅効性殺虫成分の効果で巣内のシロアリが駆除できる

＊3　経口摂取できるワクチンで、胃で溶けず小腸・大腸で溶解する機能を持つ

2　BtoB企業のブランディング

BtoBとBtoCのブランディングの根本的な違い

ブランディングといえば、消費者を対象としたＢtoＣ企業のイメージが強いが、重要性の点

図表26 BtoBとBtoCの取引特性の違い

	BtoB	BtoC
販売対象	法人（組織）	個人（家庭）
販売経路	営業担当者	店舗orWeb
購買動機	合理的／明確	衝動的／あいまい
意思決定	複数（複雑）	単独（単純）
取引関係	固定的／長期	流動的／短期

ではＢtoＢ企業も同様である。新規取引先の開拓や既存取引先との関係強化といった直接的な業績貢献はもちろん、人材採用や定着率の向上、金融機関や投資家への判断材料としても有効である。特に、これからは労働力人口の減少で採用難の時代になる。人材確保の面からもＢtoＢ企業がブランドイメージを高めることは不可欠といえるだろう。

ただし、ＢtoＢとＢtoＣのブランディングには違いがあり、それは両者の取引特性に起因する。主なポイントは**図表26**に挙げている通りだが、根本的に販売対象が異なる。

ＢtoＢの場合は文字通り「法人」なのだが、「個人」との違いが意外と認識されていない。

例えば、個人の購買行動は感情や気分によって左右される。その代表的なものが、買う気がなかったものをその場の気分で買ってしまう行為、いわゆる「衝動買い」である。スーパーへ買い物に行く主婦の八割が、事前に何を買うか決めていないともいわれる。ＢtoＣ企業のテレビＣＭのインパクトが強いのは、ブランドの認知率を上げて、消費者に店頭で思い出してもらうことに効果的だからだ。

一方で法人の場合は、ほとんどが理性的な行動を取る。取引相手の信用やメリット・デメリットの比較、価格面といった、いくつかの要素を組み合わせて総合的に判断する。またＢtoＣとは逆に、商談に入る前の段階から情報を収集して検討していることが多い。そのためテレビや新聞などのマスメディアよりも、ホームページやカタログなどの〝オウンドメディア（自社所有のメディア）〟を通じて、正確な情報も多く与えることが求められる。

購入までのプロセスと意思決定にも違いがある。ＢtoＣの場合は本人またはその家族という小さな単位での意思決定で、基本的にプロセスも単純である。しかし、ＢtoＢでは担当者からその上司、最終的には経営者といった複雑な経路をたどり、会社によっては関連部署ごとに複数のキーパーソンが存在するなど、かなり面倒な場合もある。

したがって、ブランドのどんな情報を、どこを対象に発信するか、企業におけるカスタマージャーニーを想定し、緻密に計画しなければならない。このような取引特性の違いを十分に理解した上で、効果的にブランディングを進めたい。

専門性・安定性・適合性がブランディングの着眼点

BtoBのブランディングを顧客視点で考えると、「認知⇒選択⇒評価」の順番になる。まずは目的によってブランドを探し、自社のブランドを知り、いくつか候補のなかから選び、取引した結果を評価するといった流れである。それぞれのプロセスにおける着眼点を確認しておきたい（図表27）。

BtoBでブランドを探す際に、顧客が求めるのは特定分野のソリューション（問題解決）である。仕入れ・製造・物流・販売におけるパートナーから、法律・税務・人事・経営などの専門家に至るまで、企業としての目的や必要性があって探している。自社を顧客に見つけてもらうために、重要なのはやはり「専門性」だろう。該当する分野に関してはどこよりも専門性が高く、さまざまな問題解決の方法が提供できることを、顧客にしっかり伝えなければならない。ホームページ上でも、専門性の高さや具体的なソリューション内容がひと目で分かるような見せ方が必要になる。そこで他社との違いが分かるように際立たせるべきだ。

次に、取引相手としてふさわしいかどうかを理性的に判断して選ぶことになる。この段階では、専門性以外にも重要な要素が出てくる。それは「安定性」である。BtoBでの取引の多くが一過性ではなく、継続的な取引になる。すぐに継続ではなくても、リピートオーダーの場合

図表27　BtoBブランディングの着眼点

ブランド認知 【専門性】	・専門性や具体的なソリューション ・他社との差別化ポイントの明確化
ブランド選択 【安定性】	・経営の安定性、中長期ビジョン ・顧客、実績、口コミ、受賞・表彰
ブランド評価 【適合性】	・理念・価値観、人材の質、現場力 ・アフターサービス体制、品質保証

もあるだろう。それを前提に考えると、どれだけ取引を継続的・安定的に行えるかがポイントになる。例えば購買担当者なら、原料や資材の供給が不足して困るような事態だけは避けたいはずだ。経営がどれだけ安定しているか、取引上のリスクがないかどうか、企業としての信用度もチェックしておきたい。その点ではＩＰＯ（新規株式上場）はもちろん、ＩＳＯ（国際標準化機構）の認証取得なども一定の効果がある。

顧客企業が抱く不安感を解消して、どれだけ安心感を与えられるかが、ＢtoＢブランドを選択する際の判断基準になってくる。

最後に、ブランドを選んだ結果の評価である。継続的な取引をすべきかどうかも含めて、顧客から最終判断が下される。そこで購入後のブランドイメージを高める効果を狙った〝アフターブランディング〟を行っていく。ここでは、自社と顧客企業との「適合性」、つまりマッチングが重要になる。

法人も個人と同じように相性があり、取引時になんとなく違和感を覚えるような相手とは、関係が長続きしないことが多い。その判断材料になるのが、経営理念や企業の価値観、現場での対応力、アフターサービスや品質保証体制などである。

これらは業績との直接的な関係は薄いが、ブランディングの要素としては重要性が高く、社員にブランドを意識した行動を徹底していかなければならない。これが、ＢtoＢ企業においてインナーブランディングが重要視される要因となっている。

ＢtoＢでは組織と組織の取引になる。一般的に顧客の数は少ないが扱う単価が大きく、取引関係も長くなる。そのため、ブランドイメージが一度落ちてしまうと、それを挽回するのは容易ではない。顧客や関係先へのアンケート調査などを通じて、ブランドに対する社外の評価を定期的に観測していく方法もある。

また、自社の社会的使命や中長期のビジョンを示すことでブランドが何を目指し、どこに向かっているかが分かる。そこに共鳴する顧客はパートナーシップを築きやすいといえる。

こうした情報をあらかじめ発信し、顧客の理解と共感を得ることが、ブランドターゲットとの長期的な関係につながっていくだろう。

このように、BtoB企業の特性を押さえた上でブランディングを進めていきたい。

Case 14 世界が認める「カイハラデニム」

国産デニム生地のナンバーワンブランド――カイハラ

〈伝統の技術をもとに新しい分野へ挑戦〉

カイハラは、広島県福山市のデニム生地メーカーである。JR福山駅から車で一時間程度の立地に拠点を構える。同社は一八九三年に備後絣《びんごがすり》の染色と織布から事業をスタートした。当時は甕《かめ》の上で人間が糸を絞るという作業をしていたが、液中で絞るという工夫を凝らし、さらには藍染染色機という液中で絞る機械の開発を行った。この機械開発が現在の同社のものづくりの原点となっている。液中絞自動藍染機は一九五四年に自社で製作し、特許を取得して備後絣(福山市)や久留米絣(久留米市)、伊予絣等の絣業者を中心に、全国に販売展開を進めていった。

しかし、農業人口が多い時代は備後絣を使った「もんぺ(絣の着物)」の生産が盛んだったが、農業から工業化し、絣の生産が減るにつれて備後絣業界も落ち込んでいった。その一方で、学生運動やベトナム反戦運動の影響で、ジーンズを履く人が日本でも増え、一九七〇年にロープ染色機を自社で開発。本格デニムを日本で初めて市場に供給し、デニム事業を開始した。

デニム生地のブランドとして「カイハラデニム」の評価は高く、ブルーデニム分野で日本のプレミアムジーンズの約二本に一本は同社の生地が使用されている。現在世界二〇カ国以上に生地を輸出しているが、海外のハイブランドや、リーバイス、エドウインなどのジーンズブランド、ユニクロやGAPなどの大手SPAとも取引があり、信頼が厚い。

一般的な生地メーカーであれば、いかに安く、量をつくるかという方針で進めたほうが利益は残る。しかし、同社は他社を圧倒できる差別化を念頭に、常に「新しい」ものづくりへのチャレンジを繰り返してきた。時代や顧客が変わっても、伝統の技術を革新しながら新商品を開発し続ける。この終わりなき挑戦がカイハラブランドの根幹にある。

〈BtoBでの信頼を支える一貫生産体制〉

同社では、「デニム生地の一貫生産体制」を確立している。同社の考え方の一つに、「日本でのものづくりにこだわる」というポリシーがある。日本の消費者が世界でも厳しい目を持った消費者であることから、国内での生産自体がブランド価値になるという。生産者の立場で、顧客の要望や期待を超えるために創意工夫し、どのように問題解決していくかを常に考えている。

また、デニム製造は装置産業でもあり、日々、技術革新をしていくため積極的に設備投資を行っている。自動化を進めることで、労働災害の発生件数が減少。また、多能工化や効率改善を進めながら夜間も操業することで生産性を高めている。実際、広い工場内には最新設備がずらりと立ち並んでおり、人はほとんどいない。そのなかを紡績から整理加工へと粛々と工程が進んでいく。さながら無人化されたロボット工場のようだ。

同社は生地メーカーであることにこだわり、自社製品は生産しない方針を貫く。複数のアパレルブランドと取引することで、「次に何がはやるのか」という情報が多方面から入ってくる。それが新商品開発に大きなプラスとなり、ＢtoＢ企業でも柔軟かつ積極的な販売につなげられる競争力の源になっている。

〈新商品開発への飽くなき挑戦〉

デニムブランドとして高品質を追求し生き残るためには、価格と量での競争はしないというのが同社の判断基準だ。今後の成長マーケットは日本になく、海外への輸出が前提となる。時代と顧客が求める新しいデニムの開発で世界のファッショントレンドをリードしなければならない。そのために、一つの新商品を生み出し成長させるだけではなく、息が長い定番商品を開発し、積極的に発信することを常に意識して実践している。

同社のデニムは種類が豊富だ。世界数カ国の原綿からデニムに最適な糸の種類、形状を見つけ、染料の色の違いや、染める回数を変えたり、重ねる色を変えたりすることでさまざまな色を出す。

他にも織布技術と整理加工技術により、多彩なパターンの製品を生み出している。サンプル通りの色合い・風合いを、製品でしっかり再現することも大切である。

同社は海外メーカーからの期待度も高く、毎年の商談時には「何か新しいものを持ってきてくれるのではないか」と期待されている。開発に関しては、同社は「世界で一番多くの失敗をしている会社」だと自負する。こうした企業姿勢がブランドの鮮度を保ち、陳腐化を防ぐ重要なマネジメントとして機能しているのだ。

創業以来一〇〇年以上の同社の挑戦と成長を支えてきたのは、デニムを構成する三つのFだ。「ファブリック（生地）」「フィット（シルエット）」「フィニッシュ（洗い加工）」のあり方を新しくつくっては壊していく、スクラップ&ビルドの繰り返しにある。

将来的には徹底した合理化と品質確立によって、国内工場の刷新や、現在タイにある工場の規模をさらに拡大し、海外ブランドへの安定した生地供給を目指すという。会長である貝原良治氏の「広島から世界に発信していく」という思いは、グローバルブランドへのビジョンにつながっている。

3 地域貢献とブランディング

魅力あるブランドづくりが地方創生の鍵

国内は都市部への一極集中と地方の過疎化がどんどん進んでいる。人口の半数以上が六五歳以上である地域を「限界集落」と呼ぶが、田舎に行くほどそうした地域が増え、働き手を失った地方の活力はますます低下の一途をたどることになる。やがては人がまったく住まない〝人口ゼロ地域〟が日本各地に広がっていくおそれもある。東京都への一極集中は、国土保安上の問題や、自然災害などのリスクに対する脆弱性も懸念され、避けたいところだ。

地方が元気になることは、そうした問題の解決につながっていく。そこで政府は「地方創生」を政策の柱に掲げているが、それを担うのは間違いなく個々の企業である。

全国各地の中堅・中小企業が、全国で認められるナンバーワンブランドの製品（農産物を含む）やサービスを新たな価値として創出すれば、それぞれの地方はおのずと活性化する。

それはやがてそれぞれの地域に新しいブランドイメージをもたらし、新たな消費と雇用を伴って、さまざまな分野に波及していくに違いない。

企業のブランディングにおいても、地域との連携はメリットが大きい。地名を冠したブランドには独特の強さがあり、それは英国やフランスなど欧米のプレミアムブランドで理解できる。エルメスはパリ、バーバリーはロンドン、プラダはミラノ、ティファニーはニューヨーク……と、いずれも都市のイメージをまとったブランドである。このような大都市でなく、地方の小さな市町村であってもブランドのイメージに色付けはできる。地域には自然や町並みの景観と歴史や文化があり、それぞれにストーリーがあるからだ。日本は世界的に見ても長い歴史を持つ国であり、そこに価値を見いだすことは難しくない。

人と同じく、会社にも生まれた土地がある。あえて地名を前面に出して、地域とともにブランドを育てていく覚悟があれば、そうした企業は他社と違った強みを持つはずだ。

次に、地域に貢献するブランディングの形として代表的な二つのパターンを示した（図表28）。

地域発信と密着のブランディング

まず、地域の文化や観光資源をもとにブランド化を図り、国内の他県や海外から地域内に顧客を呼び込む方法が、「地域密着型ブランディング」である。商圏が小さなサービス業に多いパターンで、外食事業やホテル・旅館業もこれに当てはまる。

まずはブランドコンセプトを明確にする。地域の特色を生かしたキーワードを盛り込み、基

図表28　地域貢献型ブランディングの2つのパターン

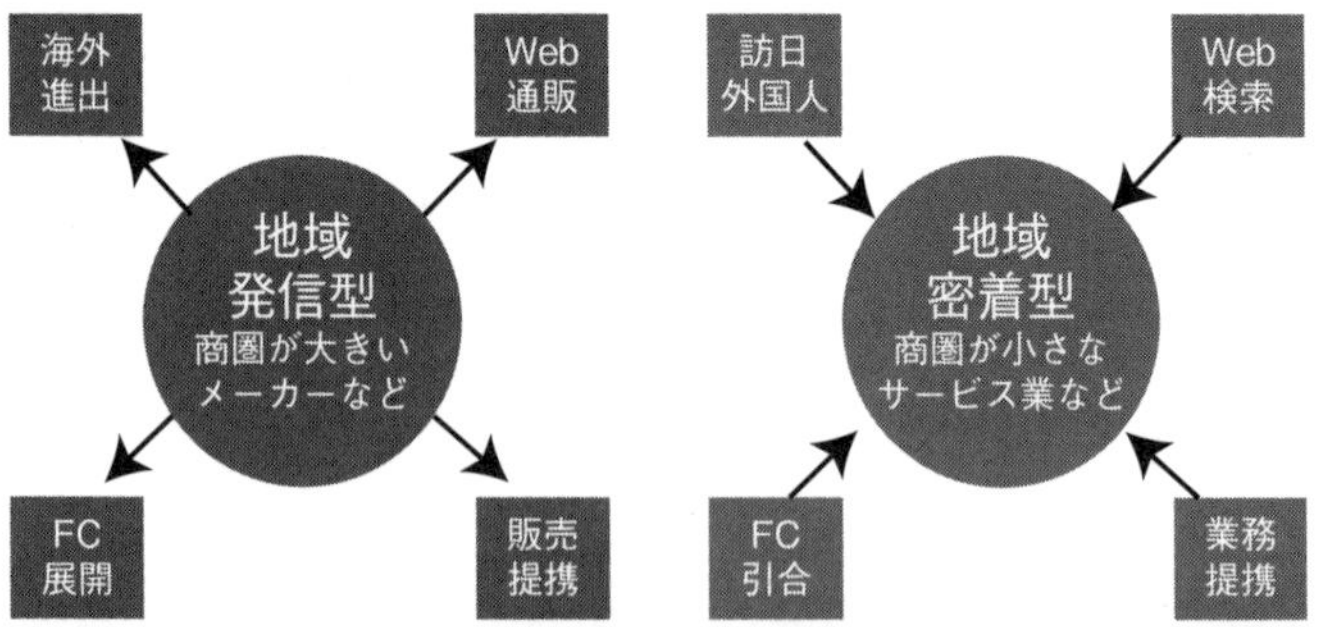

- 地域の素材や技術を使った商品開発
- 特定カテゴリーで地域ナンバーワンに
- 地域を冠するブランドとして広域発信

- 社会貢献のミッションを軸に事業展開
- 優良企業との連携や顧客の絞り込み
- 顧客密着できる社員の人間力養成

本通りに独自性・必然性・普遍性の観点からまとめる。また、そこには地元への愛情が不可欠になる。地域を活性化したい、盛り上げたいという意思が、周囲の協力へとつながっていくはずだ。新しいサービスの開発とブランディングに際しては、社外アドバイザーを設置したい。注意すべき点は地元企業の経営者やその周辺に偏らないこと。「よそ者、若者、ばか者」と称される部外者や異色の存在をメンバーに入れるほうが望ましい。いつもとは違った視点を加えることで、新しい見方や発想が生まれてくる。

　地域密着型のビジネスモデルがブランドになれば、他地区からの業務提携やフランチャイズ化の引き合いが来ることもある。地域の魅力が高まることでＷｅｂ検索も増え、インバウンドを含めた観光客からの需要も見込めるだろう。

次に、地元企業や住民を巻き込みながら、地域を冠した製品ブランドをつくり、地域の外に広く発信する手法が「地域発信型ブランディング」である。全国や海外など、広域マーケットに販売していくため、ものづくりができるメーカーが対象となる。

ここでも、ブランドコンセプトには地域の歴史や文化を入れたい。そして、伝統の技術を生かした製品を開発する。もちろん、自社だけでは全てを賄えない。地域特産の原料や素材の調達、共同開発や生産委託など、さまざまな面で地元企業の協力が必要になってくる。また、地域住民の理解や協力も、そうした活動のバックアップになる。

地域発の製品ブランドとして、Web通販や海外進出の可能性も高まる。広域展開の手段を持っていない場合は、全国に販売チャネルを持つ企業や、各地域のパートナー企業との提携も検討したい。

いずれのアプローチも、品質面では徹底的にこだわりたい。それは、地域の誇りをかけたブランドベネフィットの必須条件でもある。地域でブランドを育てていくプロセスは、地域の力を借りて、自社の固有技術を新たな価値に替えていく取り組みに他ならない。

地域を冠したグローバルブランドを目指す

地域で育てたブランドを地域で売るだけでは、やはりブランドとしての影響力に欠ける。ナンバーワンブランドを目指す以上、マーケットは最初から全国や海外も視野に入れておくべきだ。

例えば、九州発のブランドイチゴとして全国的に有名な「博多あまおう」や、九州を代表するクルーズトレイン「ななつ星in九州」は、地元以外の販売が全体の八割以上を占めるといわれる（ただし、ななつ星in九州の場合は申込者の居住地分布）。売上げの大半が東京・大阪といった大都市圏で占められており、まず東京で売れて全国へと波及していく地域ブランドの成長プロセスが顕著に表れている。こうしたケースは決して珍しくない。

国内でナンバーワンブランドになるということは、世界的に厳しい目を持っているといわれる日本の消費者に選ばれることである。間違いなく世界で通用するクオリティーを持っており、海外への輸出やインバウンド需要を通じて、さらにブランドの影響力が広がっていく可能性が高い。

地域貢献のブランディングで最終的に目指すのは、地域を冠したグローバルブランドである。世界から認められるブランドを築くことで、初めて消費や雇用の創出という形で地域に還元することができる。

Case 15 地域が一体となって九州を世界に発信する
クルーズトレインのナンバーワンブランド――ななつ星in九州(九州旅客鉄道)

〈D&S列車の歴史から誕生したブランド〉

ななつ星ｉｎ九州は、九州旅客鉄道（ＪＲ九州）がプロデュースする豪華寝台列車として、全国から応募者が絶えない超人気列車だ。九州の観光地を巡る旅を演出する、日本初のクルーズトレインでもある。日本国内やアジアはもちろん世界中から九州への旅行者を拡大し、九州の発展がＪＲ九州の発展につながることを本来の狙いとする。つまり「九州を世界に発信」し、九州を知ってもらうために生まれた列車だといえる。

そして、この列車はある日突然生まれたものではなく、同社がこれまで手がけてきた「Ｄ＆Ｓ（デザイン＆ストーリー）列車」のシリーズのなかから生まれたものだという。Ｄ＆Ｓ列車とは単なる移動手段ではなく、九州の風土や風景を楽しむため、個性的で洗練された外観やインテリア、そしてユニークな仕かけやイベントを満載した観光列車だ。その流れを受け、満を持して登場したのがななつ星ｉｎ九州なのだ。

当初、他社からは成功しないと揶揄《やゆ》されたそうだが、日本に存在しなかった豪華寝台列車、新しい鉄道の旅をつくるという挑戦であった。そこには、当時トップであった会長の唐池恒二氏と、全D&S列車のデザインを担当してきた工業デザイナーの水戸岡鋭治氏の夢と情熱が注ぎ込まれている。

今では各地のJRが同様の列車を計画・運行しているが、ななつ星が生まれた歴史的な背景と必然性だけは、決してまねすることができない。これがナンバーワンブランドであるゆえんとなっている。

〈中高年の富裕層から絶大な支持を得る〉

乗客のボリュームゾーンは六〇代や七〇代の中高年層で、リピート率は一〇％を超えている。旅を終えて降車した乗客が、その場で次の旅の申し込みを行うことも多いそうだ。ななつ星の人気は予想以上に高く、申し込みの当選倍率は平均で一〇倍を超えている。最も豪華なDXスイートに至っては一〇〇倍を超えることもあるという。

開発段階では、メインターゲットである富裕層の価値観を学ぶため、豪華列車の先駆者である欧州のオリエント急行や、ターゲットを同じくする観光会社などにもヒアリングを実施。その結果、同じ価値観や生活レベル、文化レベルの人たちと一緒に、知的好奇心を満たす旅を求めているという傾向をつかんだ。それが同列車の成功のヒントとなり、車内やサービスに生かされている。

ななつ星のコンセプトは「新たな人生にめぐり逢う、旅。」で、地域の人々やクルー（乗務員）との出逢いを大切にしている。特にクルーは乗客へのサービスの質を向上させるため、由布院の旅館などでの研修を通じてホスピタリティーマインドを磨いている。

また、ツアーの販売方法にもこだわる。ななつ星の専任スタッフしか旅行の説明をしないように広告資料は連絡先を記載し、「ツアーデスク」と呼ばれる専用デスクへと誘導する。説明をうまくできない販売先は窓口に指定しないようにしている。

〈地域が一体となって旅の感動体験を与える〉

①「走る高級ホテル」のような豪華列車

ななつ星ｉｎ九州の車両はおよそ三〇億円をかけて製造されている。ワインレッドの車体に金色の星形エンブレムが輝く。磨き上げられた外観は鏡面のように光り、独特の存在感を放っている。プラットホームに停車している姿を見ているだけでワクワクするような車両だ。

内装には天井や床、肘かけなど一面に木材をふんだんに使い、落ち着いた雰囲気を演出。七両編成の客車に最大三〇名の乗客と、車内スペースには余裕があり、景色を見やすいよう座席位置も配慮されている。また、車内には大川の組子細工や佐賀の有田焼（人間国宝である故一四代酒井田柿右衛門氏の作品）など、九州の伝統工芸が随所に使われている。

また、旅の楽しみでもある食事は、博多の老舗すし店をはじめ、長崎のフレンチや駅のホームに、「ななつ星」専用に設けられたレストランでの朝食（阿蘇駅）などがある。

高級ホテルがそのまま列車となって、走りながら九州の風景を車窓から楽しめる。まさに乗客の感性を揺さぶる価値が具現化されている。

②かけがえのない旅の体験を演出

申し込みが多く寄せられたときには「抽選会」を実施し、当選告知の電話連絡の際は、担当者の周囲にいるスタッフが電話口で拍手をするという演出も行う。また、旅行当日まで「季刊誌・お手紙」を発送し、乗車までの感動や期待感を高めている。

「お客さまへのお伺い書」は旅行当日まで二〇回程度のやりとりがある。内容は、旅行の行程、食事の分量やアレルギー、車内でのリクエスト曲（思い出の曲など）、滞在プラン（散策、列車内滞在など）と多岐にわたる。ツアーデスクがお伺い書にない情報をいかに聞き出すかがポイントだという。誕生日や結婚記念日などの情報を生かして、旅のなかでサプライズを仕かける。

旅の始まりは専用ラウンジ「金星」に集まり、スパークリングワインを手にお客さま代表による発声で乾杯を行う。ホームまでは乗客しか通れない専用通路を通って乗車するという徹底ぶりだ。

また、各停車駅や沿線での特別な体験もある。例えば、由布院では亀の井別荘でのレコード演奏、由布院のまち歩きのガイドなどだ（時期や立ち寄り先により異なる）。その他、線路沿いでは、保育園の園児たちによるお見送りなども行われている。

地元企業や地域住民を含めた九州全体で旅を演出しており、この総合力がななつ星ｉｎ九州のブランド力の源泉に他ならない。まさに日本を代表するクルーズトレインといえるだろう。

第6章

ブランディングは全社員活動である

1 ブランディングは長期的かつ組織的な取り組み

ナンバーワンブランドは一日にして成らず

これまでブランディングの理論的な原則を説明してきたが、頭で分かっていても実践しなければ意味がない。この章では社内でブランディングを推進する方法と、どのような点を注意すべきかについて触れておきたい。

まず前提として認識しておくべき点は、ブランディングは長期的かつ組織的な取り組みであるということだ。

これまで述べてきた通り、ナンバーワンブランドに至るプロセスは、ブランディングの七つの機能をもとに展開していくが、とても一朝一夕に確立できるものではない。仮に、一年かけて仕組みが構築できたとして、社内外から見て名実ともにブランドが確立するまでは、最低でも三年から五年はかかる。さらに、そのブランドを維持していく企業体質づくりとなれば、一〇年や二〇年といった長期にわたって活動が続くことになる。まさに「ナンバーワンブランドは一日にして成らず」である。

そういった意味で、ブランディングに売上げや利益といった目先の成果を期待しすぎてはいけない。広告宣伝などのプロモーションを行えば、一時的な売上げの増加はあるかもしれないが、本来の狙いはそこではない。むしろ販売単価、粗利益率、顧客のリピート率、社員の離職率といった指標を定点観測したほうが賢明だ。

このことをトップや経営陣が十分に理解しておかないと、一過性の販売促進キャンペーンのような形で終わってしまうだろう。中長期の視点で腰を据えて取り組まなければ、本来のブランディングとは呼べないのである。

チームブランディングによる全社展開

企業でブランディングが進まない原因として最も多いのが、トップをはじめとした上層部や広報など専任部署の関係者だけで進めてしまっているケースだ。ブランドメッセージやデザインといった外から見える部分はそれらしくなるが、社内のブランドに対する理解が追いつかない。そのため、現場に近い社員ほど「笛吹けど踊らず」の状態が慢性化していく。極めて自己満足的なブランディングであり、いくら外部のデザイナーやコンサルタントを招いても、このやり方では限界がある。

基本的にブランディングは、一人で実現できることはほとんどない。組織全体が一丸となっ

図表29　チームブランディングの推進体制

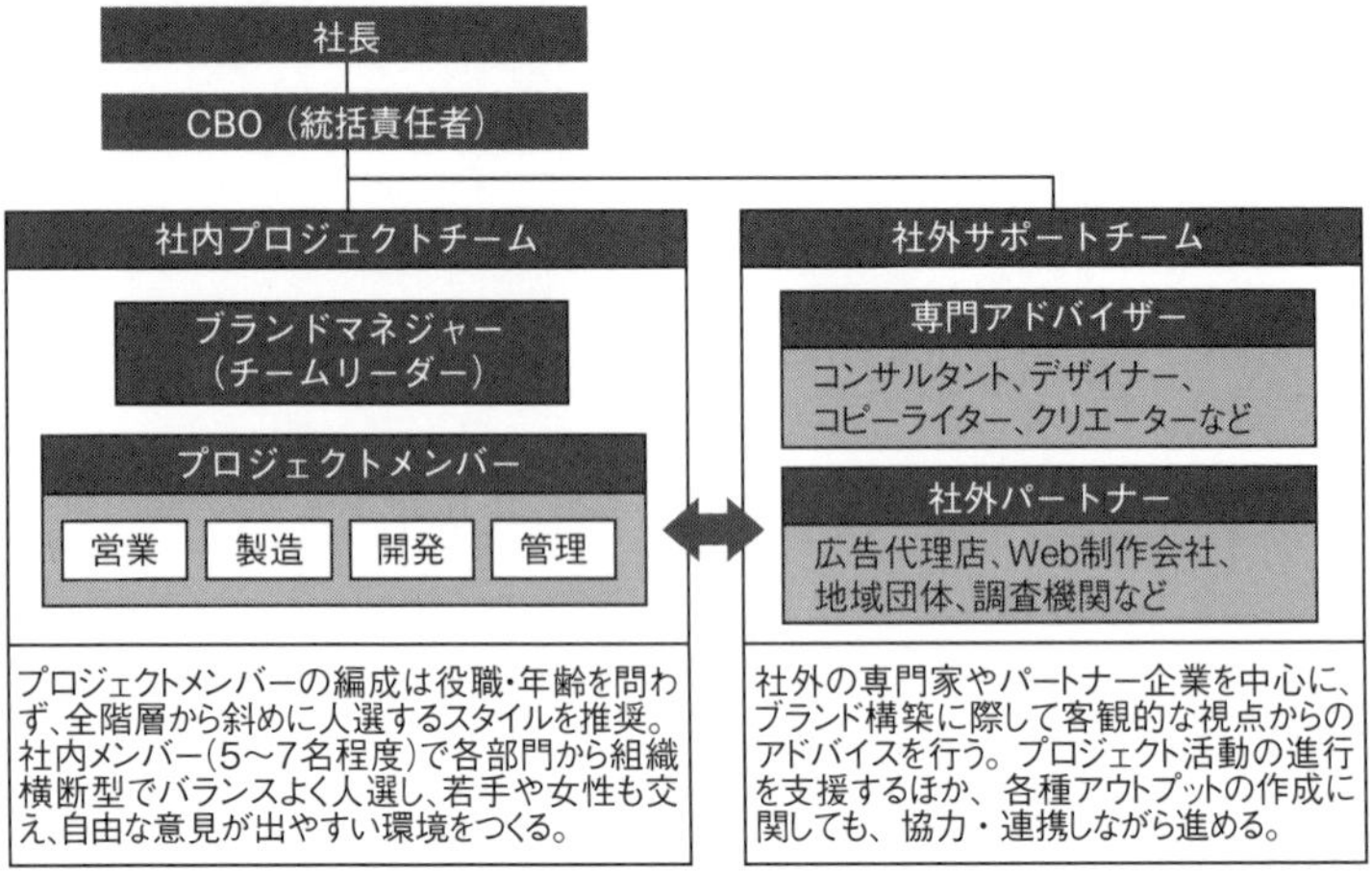

社長
CBO（統括責任者）
社内プロジェクトチーム
ブランドマネジャー
（チームリーダー）
プロジェクトメンバー
営業
製造
開発
管理
社外サポートチーム
専門アドバイザー
コンサルタント、デザイナー、
コピーライター、クリエーターなど
社外パートナー
広告代理店、Web制作会社、
地域団体、調査機関など
プロジェクトメンバーの編成は役職・年齢を問わず、全階層から斜めに人選するスタイルを推奨。社内メンバー（5〜7名程度）で各部門から組織横断型でバランスよく人選し、若手や女性も交え、自由な意見が出やすい環境をつくる。
社外の専門家やパートナー企業を中心に、ブランド構築に際して客観的な視点からのアドバイスを行う。プロジェクト活動の進行を支援するほか、各種アウトプットの作成に関しても、協力・連携しながら進める。

て理想のブランドを築いていく、いわば経営活動そのものだ。いかに社員を巻き込んでいくかが大事という点では、TQC（全社的品質管理）や5S活動のような全社運動に近いかもしれない。トップやCBO（チーフ・ブランディング・オフィサー）、ブランドマネジャーなど要となる立場の人たちは、ブランディングを通じて組織が活性化するような方法を工夫すべきだろう。

　筆者が支援を行う場合、まずクライアント社内の選抜メンバーによるプロジェクトチームを編成する。そこにブランディングに関する専門家を外部サポートチームとして加えた「チームブランディング」の推進体制をとる（図表29）。

　社員から選抜するメンバーは、管理職や営業系職種に偏らないよう各部署からバランスよく選定し、年齢・性別でも若手や女性社員を交えた顔ぶれで構成する。このようなチーム編成の方法を「組織を斜めに切る」という。BtoC企業では、コンセプトをまとめる際の言葉選びや、デザインを検討する上での柔らかな感性など、女性メンバーからの意見は特に貴重だ。少なくともメンバー全員が中年男性で固まらないように注意したい。

また人数は、活発なディスカッションが行える五名から七名、多くても一〇名程度に絞る。それより多いと一人一人の当事者意識が薄れて、発言が出にくくなってしまう。

この社内プロジェクトチームが核となって、ブランディングの基本となる部分を構築し、全社レベルへ展開していくための〝種火〟になる。種火を燃え盛る炎にするため、組織内での影響力が期待できるメンバーを選ぶことが望ましい。

全社展開にあたっては、ベネフィットの再構築やインナー・アウターの実行具体策などテーマと役割を決め、分科会的に複数のチームで推進したい。各リーダーに権限委譲すればボトムアップの効果があり、社員のモチベーションアップにつながることも狙いだ。

2 旧態依然とした組織体質を打ち破るために

ブランディングに向けて全社一丸体制をつくるためには、組織内の古い慣習や価値観を捨てて、新しい価値創造にチャレンジしていくような〝社風改革〟が求められる。ブランドのコンセプトやターゲットがいくら新しくなっても、社員が旧態依然とした考え方や行動のままでは、いずれメッキが剝がれてしまうからだ。

まず、ブランドコンセプトの浸透を図る社員研修、ブランドブックの作成と配布、社内報での定期的なトピックス発信など、インナーブランディングで行動を促すことから始める。その上で、人事評価でメリハリをつけることや、思い切った人事異動も有効である。変革の触媒として力を発揮する中途採用人材も、組織活性化のカンフル剤になるだろう。

ここで障害になるのが旧態依然とした縦割り型の組織で、セクショナリズムが蔓延しているとなおさら厄介だ。ブランドマネジメントにおいては組織に横串を通すような仕組みが重要で、縦割りで仕切られた社風はそれをはばむ壁になる。

あえて複数のブランドを立ち上げ、その壁を壊すことに成功している企業もある。ブランドごとに部門の枠を超えたコミュニケーションがいくつも発生すれば、組織の風通しはおのずとよくなるはずだ。企業に一体感を持たせることが強いブランドの条件となろう。

それでも、ベテラン社員になるほど、自らの考え方や習慣を変えることは難しいが、ここからが本当の勝負である。「あきらめない」「何度も繰り返す」「手を変え、品を変えて行う」ことを肝に銘じて続けていけば、必ず道は開けてくる。「継続は力なり」である。

国内・海外に店舗展開して約一万人の社員を抱えるある企業では、広報業務は社外より社内への発信が中心になっているという。広報部門のマネジャーは「全社員を広報部員にするのが自分たちの目標だ」と語った。その決意を示す言葉が強く印象に残っている。

これからの時代は、国籍・人種・性別・年齢などの区分を取り払い、さまざまな社員が活躍できる〝ダイバーシティー〟が企業に求められる。一方、多種多様な価値観が交錯すれば、組織が空中分解しかねない。企業の求心力となるブランドの軸をしっかり根付かせることの重要性が、今後ますます高まっていくだろう。

3 強いブランドの源泉はトップの思いとリーダーシップ

「経営とは、トップの思いを社員の力を借りて実現すること」だと言われる。ナンバーワンブランド企業のトップには、必ずといっていいほど「思い」がある。

「自社の製品で世の中を変えたい」「職人としての自信と誇りを持たせたい」「地域の文化を世界に発信したい」など内容は千差万別であるが、ものづくりや社員、郷土に対する「愛」が感じられる。それを語るトップの目には輝きがあり、明らかに他とは違った魅力となる。ブランドの強さはトップの思いの強さと比例しており、これが欠けるとブランドに深みがなくなり、薄っぺらなものになってしまうだろう。

以前、タナベ経営の研究会で、世界的に評価が高い国内のリゾートホテルを訪れたことがある。自然環境を生かし、周辺の地域との調和したデザインに感銘を受けた。話をしてくださった経営者に「どうすればこのような美的センスが身に付くのか」と質問したところ、「センスではない。思想だ」という予想外の答えが返ってきた。実に含蓄のある言葉だ。確かに、美しいものには全て思想がある。トップ自らが強い思想を持つためには、それ相応の学習と経験が必要になる。できれば、世界各地の伝統文化や芸術・建築物といった作品に接し、根底に流れる思想や哲学を学んでいただきたい。そこから得られる豊かな感性は、やがてトップの経営に対する「美学」になる。ブランドを一つの作品と捉えれば、全ての社員は、その制作に関わる〝アーティスト〟といえる。トップはその全体を指揮する〝アートディレクター〟だ。

また、ブランディングは一種の社内改革であり、リスクや反動はつきものである。しかし、リスクテイクを伴う思い切った改革だからこそ、その成果も絶大となる。最終的に決断するのは組織のリーダーである。さまざまな障害に立ち向かいながらもブランディングに成功している企業には、共通してトップの強靭な意志がある。もし期待した方向に動いていないと感じたらトップ自ら現場に出向き、ブランドに託す未来について、社員とともに語り合うことだ。伝わらない思いはない。

全社員が一致協力してナンバーワンブランドを創り上げていくプロセスそのものが、ブランディングの真髄である。ブランドを進化させることで社員も成長する会社が理想的な姿に違いない。

ブランドの魅力が高まれば、長期的な経営の安定化に貢献する。そして、それを導くのがトップの役割であり、自らの覚悟が試されるだろう。ナンバーワンブランドの実現に向けて決して妥協せず、全身全霊をぶつけていく背中を、社員は間違いなく見ている。組織を率いるリーダーの勇気と実行力を期待したい。

おわりに

全てのビジネスパーソンには、自社の成長発展を支えるというミッションがあります。しかし、統計データでは一〇〇年後も企業が存在している確率は、残念ながら一％未満にすぎません。どうすれば会社を一〇〇年以上も継続できるのか、事業・組織・財務・承継などの複合的な戦略要素による非常に大きなテーマであるといえます。

はたして、私たちが一〇〇年先の会社に財産として遺せるものは何があるのでしょうか。よく経営資源は「ヒト・モノ・カネ」の三つだといわれますが、いずれも一〇〇年後にはなくなるものばかりです。

例えば「ヒト」でいえば、今年採用した新入社員であっても四〇～五〇年程度で定年を迎えます。「モノ」については、最近投資した建物や設備の耐用年数がせいぜい三〇年程度でしょうか。「カネ」に至っては、今ある現金や預金は使えばすぐになくなってしまいます。つまり、形のある経営資源は一〇〇年先まで持たないのです。

もし未来の会社に遺せるものがあるとすれば、それは「ブランド」です。企業という概念がなかった昔から、看板やのれんとして代々引き継がれてきましたが、それは今も変わっていません。長い年月をかけて築き上げた社会的な信用や顧客からの信頼は、他に代えられない財産になるでしょう。

最近は、M&Aも企業戦略のオプションとして一般化してきました。これまでの日本企業は買収先のブランド名をあえて残さないやり方が多かったように思います。もちろん、不祥事によるマイナスイメージなど隠す理由があれば別ですが、企業経営におけるブランドの重要性が高まっているなかで、有力なブランドほどM&A後も戦略的に使っていくべきです。そうなると、「会社はなくなってもブランドは残る」といったパターンも今後は増えていくのかもしれません。

ナンバーワンブランドを確立すること。そして、ブランドを維持・向上させるべくブランディングの機能を磨いていくこと。それは今、企業経営の現場にいる者の使命でもあります。私たちが責任を持って会社の未来につなぐ価値、それこそがブランドなのです。

また、日本という国が将来豊かになっていくための鍵もブランドにあります。地方創生の主役になるのは、本書でご紹介したような独自のブランド価値を持った会社であり、そうした事例を全国各地にもっと増やしていくことが必要でしょう。

製品以外のサービスも含めた「Made in Japan」の世界における地位を高めていくことは、全ての日本企業に共通する価値になります。特に、これまで「ブランドなんて縁がない」と考えていた企業にこそ、その真価を発揮していただきたいのです。全国各地の企業が活性化すれば、日本全体が元気になるのは間違いありません。

ところで、私がブランディングを手がける際は、事前にできるだけ現場に足を運び、自分の目で実態を確かめるようにしています。これまで、工場や建設現場での作業、客先への訪問活動や店頭での販売活動、人事や経理の日常業務など、さまざまな現場で働く人々を見てきました。一生懸命に働いている皆さんの姿は、今も鮮明な記憶として残っています。

イメージの点から、このような現場の光景をあえて表に出さないブランドもあるようです。しかし、実際にはそこから美しいモノや、価値あるコトが日々生み出されています。現場の「心」を置き去りにしたブランドに、いったいどれほどの価値があるのでしょうか。

ブランディングで「日本の会社を元気にしたい」という思いは、決して浮ついたものではありません。ただ、派手なプロモーションや華やかなレセプションなどに目が向いてしまい、どうしても表面的なイメージを拭い切れないと思います。そこで本書は、できる限り現場をイメージしながら、働く方々にプライドとやりがいを持って仕事をしてほしいという願いを込めました。

ブランディングの本質は、全社員による経営活動です。本書の内容が、豊かな感性と愛情を持った経営者の方々と、誠実で誇り高い社員の皆さまの幸せに、少しでもつながることを願ってやみません。

最後になりましたが、本書を執筆するにあたっては、多くの方からご支援・ご協力をいただきました。ブランディング戦略研究会の趣旨をご理解いただき、ご講演や視察をご快諾いただいた企業の皆さま、本書の事例掲載にご協力をいただいた企業の皆さま、全国各地をともに巡っている研究会会員の皆さまに、この場を借りて御礼申し上げます。

また、出版にご尽力くださったダイヤモンド社の花岡則夫編集長、前田早章副編集長、小出康成氏、編集にご協力いただいたクロスロード安藤柾樹氏、装丁をご担当いただいた斉藤よしのぶ氏、タナベ経営の社内においてはブランディングというテーマと研究の機会を与えてくださった若松社長、長尾副社長、南川常務、研究会の運営メンバーをはじめ、本当に多くの方々に支えられて、本書は成り立っています。そして、いつも忙しい私に活力を与えてくれる妻と二人の娘も、かけがえのない協力者です。この場をお借りして、心から感謝を申し上げたいと思います。

平井克幸

［著者］
平井克幸（ひらい・かつゆき）
タナベ経営 ブランディングコンサルティングチーム リーダー
家電メーカーにエンジニアとして勤務した後、1997年にタナベ経営入社。専門分野はブランディングをはじめ開発、マーケティングなど多岐にわたり、これまでに中堅・中小企業の成長支援を数多く手がけてきた。経営者の参謀として、企業のさまざまな課題に精通する戦略コンサルタント。著書に『タナベ流新規事業開発プログラム』（タナベ経営）がある。中小企業診断士。

［編者］
タナベ経営 ブランディングコンサルティングチーム
コンサルティングファーム・タナベ経営の全国主要都市10拠点における、ブランディング専門のコンサルティングチーム。ファーストコールカンパニーを目指す経営者の事業戦略から組織戦略、経営システム構築、人材育成まで幅広く手がけ、多くの実績を上げている。

ファーストコールカンパニーシリーズ
ブランディングの本質 100年先につなぐ価値

2018年12月5日　第1刷発行

著　者——平井克幸
編　者——タナベ経営 ブランディングコンサルティングチーム
発行所——ダイヤモンド社
〒150-8409　東京都渋谷区神宮前6-12-17
http://www.diamond.co.jp/
電話／03･5778･7235（編集）　03･5778･7240（販売）
装丁————斉藤よしのぶ
編集協力——安藤柾樹（クロスロード）
製作進行——ダイヤモンド・グラフィック社
DTP ———インタラクティブ
印刷————信毎書籍印刷（本文）・慶昌堂印刷（カバー）
製本————ブックアート
編集担当——小出康成

ISBN 978-4-478-10687-7